JN245827

人生が本当にラクになるコツ

特性

すごいADHD（注意欠如・多動症）の使い方

やしろあずき

KADOKAWA

注意欠如は、発想力と創造力の源泉に。
多動や衝動性は、強靭な行動力に。
空気を読めないズレた言動は、常識破りの魅力。
集中力や感情のムラも、ハマれば爆発的な力になる。

マイナスもあるけど、それを補える「すごい」がいっぱいある。
さあ、「隠された才能」を２００％活かそう。

えーーッ午後から必要な資料って昨日から言ってたのに…
なんで今日忘れちゃったの
う～んどこにしまったか全く覚えてないよ～
うわッいつ借りたかわからないレンタル充電器出てきた…
※カバンの中は基本汚い
朝に確認したはずなんだケど…
おいおい～
あれ…入れる鞄間違えたかなア…
ガサ
ガサ
行くよォ
ブーーン
前日に必要なものを全部リュックに入れた
これで確実に忘れ物はしないネ!!
帰るよォ
※車や自転車で買い物に行ったのを忘れ徒歩で帰る事も日常茶飯事
タ――
うわあなんか軽いと思ったら
アーー
リュックごと忘れてる
という訳で検査した結果…
検査の結果ADHDですね～
ADHD
ADHDと診断されました

でもADHDって実際どういうものなんだろう?
よくネットでは聞くけど詳しくは知らないんだよね
?
ADHD（注意欠陥・多動症）
・年齢あるいは発達に不釣り合いな不注意または多動性、衝動性を特徴とする行動の障害で、社会的な活動や学業の機能に支障をきたすもの。大人になってから発覚する人も多い。
・不注意…物事に集中できず、忘れっぽい
・多動性…落ち着きがなく、じっとしていられない
・衝動性…感情、行動をコントロールできず、衝動的に動いてしまう
まじかぁ・・・今まで何やっても忘れっぽかったりミスが多いのって病気のせいだったの・・・?

もう寝よ・・・
・・・と思ってやる気をなくすのはちょい待った!
ADHDの「症状」と言われるものを視点を変えて「特性」として見てみたらどうだろう?
・・・特性?
そう・・・例えば下記のようなもの
・1つに集中すると周りが見えなくなる
・常に脳内で考え事をしていて集中力がない
・よく考えず即行動してしまう衝動性がある
これらを「特性」としてポジティブに置き換えてみると・・・
注意欠如
多動・衝動性
空気が読めない ズレている
興味がないことは何もできない
こうなる
発想力・創造力
すごい行動力
常識破りの魅力
好きなことには超絶集中!!

実際考え方をちょっと変えてみるだけで気持ちの持ちようも変わってくるもの！
ポジティブ
ネガティブ
キミのその「症状」はほかの人にはない「特性」かもしれないんだ！
作者も『過集中』で会社員時代に終業後漫画を無限に描いていたのが他人からすると『努力』に見られていると最近知りました
会社終わってから趣味で漫画描いていたらもう朝だ…無駄に過集中してしまった…
作者の母
あんたそんな長時間漫画描いて割と努力家だね!!
作者
えっこれ努力なの!?
実際にＡＤＨＤ診断を受けてもその「特性」を趣味に活かし
漫画家
歌手
脚本家
活躍している人たちもたくさんいます！
言うてそういうのって才能がある人だけで普通の人はさぁ
何が向いてるかとか特性が何だとか理解したりするのが難しいじゃんかよぉ・・・
そんな悩みを持つ人のために
やしろあずき
人生が本当にラクになるコツ
すごい特性
ADHDの使い方
「隠された才能」を200％活かしきる
この本を書きました

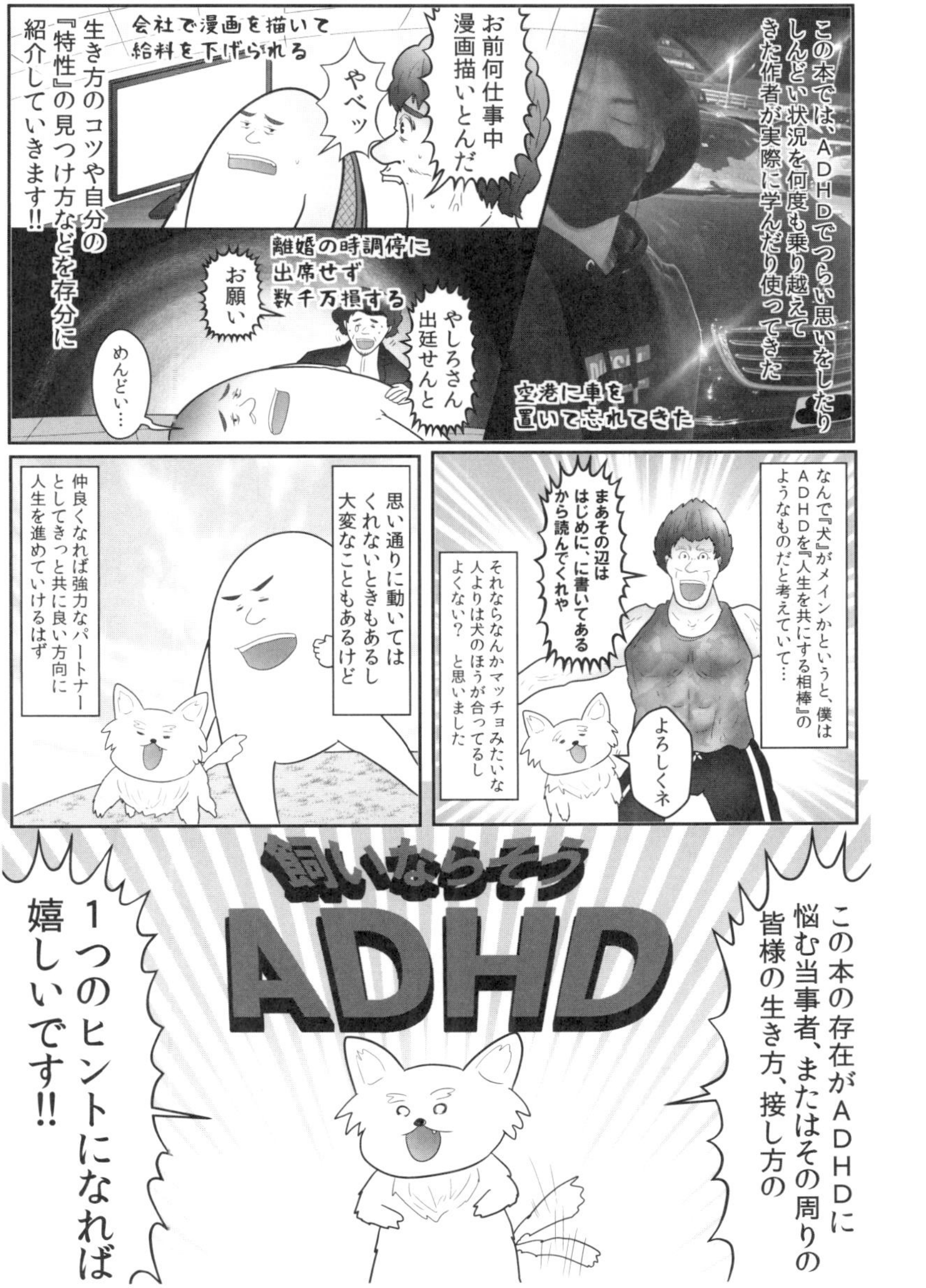
この本では、ＡＤＨＤでつらい思いをしたりしんどい状況を何度も乗り越えてきた作者が実際に学んだり使ってきた
空港に車を置いて忘れてきた
お前何仕事中漫画描いとんだ
やベッ
会社で漫画を描いて給料を下げられる
やしろさん出廷せんと
お願い
めんどい…
離婚の時調停に出席せず数千万損する
生き方のコツや自分の『特性』の見つけ方などを存分に紹介していきます!!
なんで『犬』がメインかというと、僕はＡＤＨＤを『人生を共にする相棒』のようなものだと考えていて…
まあその辺ははじめに、に書いてあるから読んでくれや
それならなんかマッチョみたいな人よりは犬のほうが合ってるしよくない？　と思いました
よろしくネ
思い通りに動いてはくれないときもあるし大変なこともあるけど
仲良くなれば強力なパートナーとしてきっと共に良い方向に人生を進めていけるはず
この本の存在がＡＤＨＤに悩む当事者、またはその周りの皆様の生き方、接し方の
飼いならそう
ADHD
1つのヒントになれば嬉しいです!!

はじめに

「隠された才能」を200%活かすために

初めましての方は初めまして。WEB漫画家のやしろあずきと申します。クセが強い2頭身キャラで、日常を漫画で綴《つづ》っています。

この本は、**発達障害の1つであるADHD（注意欠如・多動症）を持つ人、**あるいは、**ADHD傾向にある「グレーゾーン」の人に向けて書いたライフハック集**です。これを書いている僕ももちろん、ADHD診断済みです。

いつもWEB上で僕の漫画を読んでいただいている人は、冒頭の漫画を読んで思ったのではないでしょうか。

「え……やしろあずきといえば、卵みたいな2頭身キャラじゃないの？」

「犬を主人公にして、かわいい路線に変更か？」

実は今回、犬をメインキャラクターにしたのには理由があります。

僕にとってＡＤＨＤとは、愛犬のようなもの。いつなんどきも生活を共にし、人生の苦楽を一緒に乗り越えていく。そんな存在であるＡＤＨＤをキャラ化するなら、ちょっと頼りなげな「犬」がぴったりだと思い、冒頭の漫画を描くに至りました。

「いやいや、**ＡＤＨＤってそんなにかわいいもんじゃねーから！**」

そのツッコミも、一理あります。ＡＤＨＤであるがゆえにどれだけ生きづらさを感じてきたか、それは当事者である僕もしっかりと理解しているつもりです。

以下、僕の日常。

遅刻癖がどうしても直らない。ＬＩＮＥの未読が１００件以上たまっている。

何度確認してもケアレスミスを繰り返す。確認せずに行動して失敗する。

公共料金の払い忘れ。使ってないのに延々と払い続けるサブスク。

空気読めない。喋《しゃべ》りすぎ。何か発言すると「え？」という顔で見られる。

物をすぐ失《な》くす、忘れる。失くしたはずの爪切りが部屋に何個も転がってる。

……もうね、こんなの無限にあります。僕はＡＤＨＤのことも漫画にしているのですが、こうした悩みに共感する声もたくさん聞いてきました。

「すごい」がいっぱいあるのがＡＤＨＤ

でも、自信を持ってお伝えします。ＡＤＨＤ特性は、マイナスだけじゃない。そこには確実に、**素晴らしい才能が隠されています。**


注意欠如は、発想力と創造力の源泉に。

多動や衝動性は、強靭な行動力に。

空気を読めないズレた言動は、常識破りの魅力。

集中力や感情のムラも、ハマれば爆発的な力となる。

これらはみな、**「すごい」と思われるような特性**です。すごい不注意、すごい発想力。すごい行動力にすごい協調性のなさ……。マイナスもあるけど、それを補える「すごい」がいっぱいある。凹だけでなく凸もあって、凸凹《でこぼこ》なのがＡＤＨＤ特性です。


一方で、**その特性の凸凹を理解せずに放置していると、マイナスのほうに暴走してしまいます**。犬を飼っても、意思疎通をして躾《しつ》ける努力をしないと、パートナーとしてやっていくのは難しいですよね。これと一緒です。

ＡＤＨＤは基本的に、生涯付き合っていくものだから、**愛犬のように飼いならして仲良くなる必要があります**。そのためのお手伝いができたらと思い、この本では、さまざまな悩みに対する僕なりの対策法をまとめました。

こまごまとした生活のライフハックから、「何言ってんの？」というやしろ流メソッド、あるいは「ありのままで」という現状維持のススメまで、バラエティに富んだ内容になっています。僕が実際にやらかした失敗談もふんだんに盛り込みましたので、キミの経験にリアルに刺さるものが、きっとあるはずです。

いずれにせよＡＤＨＤ特性を「治す」のではなく、「理解」し、うまく「活用」するのがこの本のテーマです。ＡＤＨＤの人の中には、これまでにたくさんの失敗を経験してきた人もいるでしょう。でも、自分を責めないでください。**キミは絶対にすごいんだから**。責めるのではなくて、飼いならす。

愛犬のダメさをいつまでも責め続けたくはないよな？

キミの隠された才能を２００％活かすために、キミだけのＡＤＨＤ特性を理解し、躾けて、生涯のパートナーとなる愛犬のように愛《め》でていただけたら幸いです。

自己分析しやすいのはADHDの最初のメリット

僕はもともと、WEB漫画家になる前は、一般企業でサラリーマンをやっていました。ところが、ADHDお決まりの遅刻癖、ケアレスミス、集中力欠如などが重なり、会社勤めはムリと判断。フリーランスで漫画を描き始めて、現在に至ります。

会社勤めをしていた頃の僕がそうであったように、ADHDには、「居場所がない」と感じている人も多いように思います。特性を「症状」と捉え、起こるトラブルや困りごとを、すべて「**自分のせいだ**」と感じてしまう。「話してもどうせ理解してもらえない」と説明するのを諦めてしまう。そこにはおそらく、「やらかした」「怒られた」「いじめられた」という過去のネガティブ体験がベースにあるのではと想像します。

僕がまさに、そうでした。幼少の頃から「前へならえ」と環境に順応することを強いられると、失敗体験を積み重ねやすい分、思考がネガティブに偏りがちです。

でも大丈夫。この本で伝えたいもう1つの大切なことは、**キミの居場所は必ずあ**

る、ということです。今、「うまくいかないな」と感じる原因は、特性の活かし方や人への伝え方が間違っているからかもしれません。

必要なのは、**キミという人間の特性を理解して、それを活かせる環境を整えること。**そのステップの一助に、この本を役立ててほしいと思っています。

自身の特性を理解することは、今流行《はや》りの「**自己分析**」にも通じます。なぜ今、自己分析がこれほどまでに注目されているのでしょう？　それは、多様性の現代においては、自分ならではの個性や強みを活かして人と協働し、社会に貢献することを求められているからです。もちろん、自分自身の人生を豊かにするためでもあります。

このとき、**特性が目立って表れやすいＡＤＨＤは、普通の人に比べて有利だと思いませんか？　人よりも特徴をつかみやすく、説明しやすい。特徴がわかれば、対策も考えやすい。**これって、僕は一番最初のＡＤＨＤのメリットだと思うんです。

ほら、「はじめに」ですでに1つ、ＡＤＨＤであることの強みを発見できましたね。まだまだいきましょう。本編を通して、キミの最強の武器になり得るＡＤＨＤ特性を、一緒に探していきましょう！

目次

第2章 頭より先に体が動く、多動と衝動性を行動力に

COLUMN

第3章

「空気を読めない」ズレは常識破りの魅力

第4章 集中力や感情のムラも、ハマれば大きな力

COLUMN

装　　丁　西垂水敦（krran）
本文デザイン　OKIKATA
装丁・表紙イラスト　火寺バジル
本文イラスト・漫画　やしろあずき
本文ＤＴＰ　エヴリ・シンク
校　　正　山崎春江、あい
編集協力　荒井奈央
編　　集　大井智水

第1章

注意欠如は、発想力と創造力の源泉に

ADHDは注意欠如・多動症とも呼ばれますが、その名前の示す通り、注意力に欠け、忘れ物や失くし物、ケアレスミスが多い傾向があります。この原因の１つは、**常に頭の中でいろいろなことを考えすぎているから。**あらゆる物事に注意を向けているから、**気が散りやすい。**でも、普段から大量に情報をキャッチしている（してしまう）のがADHDなのだとすれば、インプットした情報を処理して、失わない対策をすることで、その特性をいろいろなことに活かすことができると思うんです。

ADHD特性の使い方 01

うるさい雑念も大事なインプット源

ADHDの人は常に頭の中がうるさいと言われます。情報過多で気が散りやすい。**けれどこれって、人が見過ごしがちな情報やチャンスをキャッチしているということでもあると思うんです。**情報処理能力を高める対策ができれば、雑念も巨大なインプット源となって、あなたの能力を高めるはずです！

僕はよくカフェで作業をしますが、そんなときに、半径2メートルくらいの人たちの会話に、つい耳を傾けてしまいます。

外を歩いていても、道行く人のことをキョロキョロと見てしまいます。

ある日、カフェで打ち合わせをしていたときのこと。後ろの席に座っているカップルのケンカが始まり、それがとてもドラマティックで面白かったので、漫画のネタにしました。後ほど、それを同席していた人に話したら、「あのとき、そんなことが後ろで起こっていたの⁉」ととても驚かれました。


とにかく注意散漫で、頭の中は常に雑念だらけ。


目の前のことに限らず、あらゆる物事に意識が向いてしまうから、気が散りやすい。そのせいで、ミスやトラブルも多く発生してしまいます。

よく、「**ADHDの人は常に頭の中がうるさい**」と言われます。普通の人より多くの情報をキャッチしている（してしまう）から、確かに脳がボーッとしている時間はあまりないかもしれません（とはいえ、僕自身は物心ついた頃からこれが普通だと思っていたので、自分の頭の中がどれくらいうるさいのかはピンと来ていません。逆に、頭が静かな普通の人の状態ってどんなもの？）。

ＡＤＨＤの人の中には、会議中や授業中、ときには人との打ち合わせ中でも強い眠気に襲われてしまう人も多いのだそうです。これは、大量にキャッチしてしまう情報にパンクしたり、多動してしまう脳に疲れて、身を守るために眠くなっていることも原因の１つなのだとか。情報の洪水に溺れてミスは増え、疲れ、眠くなり、大事なことも忘れてしまう。ＡＤＨＤって本当に大変です。外出するだけでどうしてこんなに疲れるんだろうと、真剣に悩みますよね……。

一方で、**大量のインプットを得られるということは、大量のチャンスに巡り合えているということでもあります**。例えば、僕の漫画のネタは、先ほどお伝えしたように、街中で不意に出会った人たちから得られることも多いんです。

僕のような漫画家に限らず、あらゆる仕事をしている人にとっても、大量のインプット源を得られるのは強みになるのではないでしょうか。例えば、Appleの元最高経営責任者スティーブ・ジョブズがスピーチで使って有名になった、「コネクティング・ザ・ドッツ」という言葉があります。過去に出会ったあらゆる経験が、その当時は思いもよらなかった形で未来とつながり、活かせる状況が生まれることです。キャッチしたあらゆる情報も、将来のひらめきを生む発想力や創造力の源泉になる可能性があるとすれば、この能力をぜひ活かしたいですよね。

そこでまずは、**インプットした大量の情報を失わず、忘れても思い出して処理できるような工夫をしましょう。**これができれば、大きな武器になるはずです。

僕も、「いいネタに出会えた！」と思っても、すぐに忘れてしまったりして悔しい思いをたくさんしてきました。情報を活かすのは、もはや死活問題。僕が生み出した工夫を次から紹介していきますので、ぜひ合うものを見つけて、役立ててください。

まとめ

- **大量の情報をキャッチして、頭がうるさくなってしまうADHDは、逆に言えば日頃から大量のチャンスと巡り合っていることでもある**
- **失わず、忘れても思い出す工夫をすれば、インプット源を発想力や創造力に活かせるチャンス！**

ADHD特性の使い方 02

「できない」がわかれば、「じゃあどうしよう」が見えてくる

数分前のことでもすぐに上書きされて忘れてしまう。悲しいことですが、もうこれに関しては、「諦めろ。とにかく自分を信じない」が僕の最終結論です。悪あがきはやめて、できない自分を認めるところからスタートしましょう。**そうすれば、次の対策が見えてきます。**

ＡＤＨＤの代表的な特徴として、「**物忘れが激しい**」というのがあります。普通の人でも、「私も忘れっぽいよ～」という方はいるでしょう。ＡＤＨＤはそんなレベルじゃないんです。**マジで5秒前のことを忘れる。**「鶏は三歩歩けば忘れる」ということわざがありますが、「考える」の次に「歩く」が入るだけで簡単に記憶が上書きされてしまうんですね。

外出前に「今日あれ持っていかなきゃ」と思っても、スマートフォンを触って別のことをした瞬間に忘れる。上司に「あれやっといて」と言われたことは席に着いたときには忘れている。駅まで自転車で行ったことを忘れて歩きで帰ってくるし、立体駐車場に止めた車は一生見つけられない。僕は昔、デートで映画を観に行った際に、彼女と来たことを忘れて1人で帰ってきたことがあります。

なんでこうも忘れっぽいのか。よく、ＡＤＨＤは脳の記憶系が未発達だとか、ワーキングメモリ（情報を記憶・整理する能力）の性能が低いとか言われていますが、**常に頭の中でいろいろなことを考えすぎているから**だと思うんですよね。

例えば、道を歩いているときでも、「帰ったらメールを返さないとな」「今日天気いいな～」「このブロック塀ってブロック何個使ってんだ？」「歩くの疲れたわ」「マッサージ行きてぇ～」「うお、珍しい鳥飛んでる」「今期のアニメ豊作だよな」……と、**思考がとどまることなく脳の中を駆け巡っています**。で、最初の「帰ったらメールを返さないとな」という一番重要なことが頭の隅に追いやられてしまう。

よく言えば常に脳をフル活用していることの表れで、悪く言えば注意力散漫そのもの。そんなＡＤＨＤの特性が、物忘れの多さにつながっているのだと思います。

これを改善するにはまず、**「忘れないように意識しよう」と努力するのをやめる**こと。自分の力で何とかするのは諦めてください。もうね、絶対にムリだから。

ここにカロリーを割いていると、「努力する」→「またできなかった」の繰り返しで、どんどん自己肯定感が低くなっていきます。

割り切ろう。ＡＤＨＤの物忘れは治らない。

人間、向き不向きがあるのと同じで、どうしてもムリなものはムリなんです。

じゃあどうするか。

脳に頼るのは諦めて、機械に頼る。機械は今や、誰でも雇える最強の秘書です。

ほら、聞いたことはないですか？　経営者が「自分の苦手は秘書に任せて自分は得意に集中する」「自分がクリエイティブになれるのは秘書のおかげ」って。まさにこれです。社長でなくても今の時代、誰でも機械という秘書を雇えるんです。自分にできないことがわかれば、次は**〝自分ではない何か〟**に頼ることができるようになります。役割分担をしましょう。ＡＤＨＤはこれに限ります。

僕も昔はできない自分を認められず、全部自分でやろうとしたり、失敗を隠したりして、人に頼れないことがありました。でも、**できないことを認めたらラクになった。**「できない。じゃあ次にどうしよう」ができるようになってきたのです。

まずは、「できない」を認めること。そうすれば、自《おの》ずと次の行動も見えてきます。

まとめ

- **5秒前のことだって忘れる。「覚えていられる」と思うな。自分を信じるな**
- **「できない」がわかれば、「じゃあ次にどうしよう」が見えてくる**

ADHD特性の使い方 03

秘書を雇うつもりで機械に頼る。忘れる前提の“思い出す”ツール選び

「さあ機械に頼るぞ！」と言っても、世の中は便利なツールで溢《あふ》れています。**選び方のコツは「忘れる前提で“思い出す”に特化する」ことと、「2アクションで一元化」です。**

機械は今や、誰でも雇える最強の秘書です。**ＡＤＨＤ問題の多くは「秘書を雇うことで解決する」と言っても過言ではないと僕は思っています。**

もちろん本当に秘書を雇ってもいいのですが、まず僕が最初におススメする頼り先はテクノロジーを駆使したアプリを活用することです。

で、選び方として肝心なこと。なるべく**シンプルなツールで一元化**してください。**アクションは2つまでに絞れるといい**です。

たまにＸ（旧Twitter）なんかで、「ＡＤＨＤにおススメの最強アプリ！」として、「To Doリストやタスク管理のアプリが流れてくることがあります。

が、こういう類のツールに頼るのは本当にやめたほうがいいです。

なぜなら、**そのアプリを使う工程がすでに面倒くさくて続かないから。**

アプリを立ち上げる↓予定を確認する↓To Doを1つずつ記入する↓時間を設定する……うぜえええええ！　その作業ができる時点でＡＤＨＤ克服しとるやん!!　って話なんですよね。

基本的にアプリやツールは、極力シンプルなものを少数精鋭で使っていくのがおススメです。

アクションコマンド2つくらいで技が出せるような、工程数が少ないものじゃないと続きません。

「人は忘れる」んです。

忘れる前提で動きましょう。

思い出せればいいのですから、思い出すことに特化するんです。

参考までに、僕がリアルで活用しているツールを紹介します。

Googleカレンダー

言わずと知れた定番アプリで、ADHDにとっても最強アプリ。

予定の時間が近づくとリマインダーで教えてくれるから忘れ防止になるし、自分のスケジュールを他者と共有できるのも心強い。

やしろのカレンダー

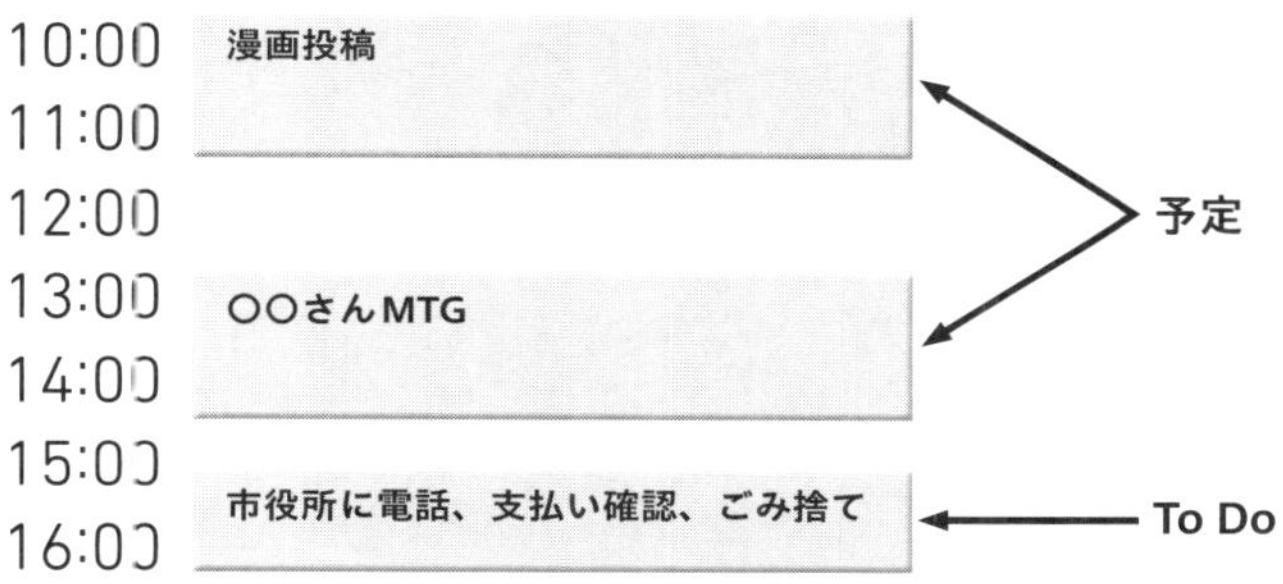

↑予定とTo Doを分けない。とにかく見えるところにTo Doを打ち込むことを優先。この時間にやってもやらなくてもいい。やれたらラッキー。

そして、**予定管理だけでなくTo Do管理もできるのが最強の理由。**下手にほかのアプリに手を出さず、Googleカレンダーにもともとついているto Do機能で一元化できます。

Googleカレンダーの To Do 機能も続かないときは、カレンダーに予定として To Do をそのまま打ち込んでもいいです。実はこれが結構おススメ。時間など気にせずに、とりあえず今日の夕方とか明日の昼間とか、とにかく絶対にもう一度見る時間帯に入れる。この時間にやってもやらなくてもいい。

ここで大事なのは、「**To Doを見るこ**

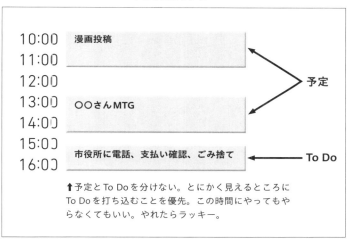

と」だからです。予定とTo Doがごっちゃ混ぜになっても気にしない。その時間にTo Doを消化できればラッキーくらいに思ってどんどん入れます。これも予定を思いついた瞬間に入れます。その場ですぐに。絶対。「後で打ち込もう」は忘れます。

とにかく、「毎日開いて見るアプリにTo Doを打ち込む」ことが大事です。「忘れないことよりも、何度も思い出す」を重視。忘れても見さえすれば思い出せるので、ここだけは死守しましょう。LINEやアップルウォッチなど、日常的に使っているアプリと連携できるのもめっちゃ便利なので、活用するのもおススメ。

5分前などにリマインド通知が来れば目にして思い出す頻度も増えるので、リマインド機能は必ず設定しておきましょう。

LINEリマインくんとアレクサ

もはやリマインドはADHDに欠かせない機能ですが、僕が愛用しているのはLINEの「リマインくん」。

チャット形式で予定を入力できる手軽さ、マジで神です。

あとは、予定をしつこいほど連呼してくれるアレクサ大先輩にもお世話になっています。約束の30分前から5分刻みで来る、怒濤《どとう》の鬼リマインド。僕はこいつのおかげで生き延びていると言っても過言ではありません。

ほかにもたくさん便利なツールはあるけれど、とりあえず僕が使っているアイテムを挙げておきました。使うまでのハードルが低いのがメリットではありますが、「予定を入力する」「リマインダーを設定する」、当然この手間は省けません。これだけはちゃんとやってくれ。習慣化してくれ。

「さすがに1時間後の打ち合わせは忘れないだろ」と慢心して、リマインド設定をサボるな。絶対に忘れるから。

ADHDの物忘れ克服の第一歩は、**「自分を信じない」**ことだと心得ておきましょう。

まとめ

- **「何度も思い出すこと」重視でツールを探す**
- **アクションは2つに絞ること。リマインド機能は絶対につけること**

ADHD特性の使い方 04

生活の中の情報を逃さない、写真とスクショ術

気になる情報を目にしたけど、すぐに忘れるし、流れていった情報には二度と出会えない……。**写真に撮りましょう。スクショしましょう。**画像記録に頼るんです。その習慣さえ一度体に染みつけてしまえば、あなたの情報処理力は格段にアップします。

続いて紹介するのは、日常の中でキャッチする情報を逃さないための最強のツールです。それはズバリ、**カメラとスクリーンショット**です。

ＡＤＨＤは四方八方に注意が向くとお伝えしました。僕はカフェに座っても周りの人の会話まで聞こえていますし、外を歩くだけでやたらキョロキョロしてしまいます。頭の中が常に大渋滞している状態ですが、一方で、目に入るそれらの情報は漫画のネタにもなるので、大事なインプット源でもあります。でも、せっかく拾った大事な情報も、**「これ使える！」と思った次の瞬間には忘れて、悔しい思いをすることがたびたびありました。**

ここで紹介するのは、そんなときにおススメのコツです。

大事なメールが届いた、電子書籍で面白い内容に出会った、Ｘで気になる情報を見つけた、のに流れてしまって二度と追えなくなってしまった……はい。**見つけた瞬間にスクショして、カメラロール**です。乗換案内で行き方を検索したけど、いざ電車に乗るときには時間を忘れてる……なんてときにも、スクショしてカメラロールが使えます。

ハイライト機能やお気に入り機能などもいいのですが、どこに保存したか忘れるの

がＡＤＨＤ。情報はカメラロールに一元化してまとめたほうがシンプルで立ち返りやすいのです。

スマホ上の情報ならスクショ。なら、現実世界のことなら……？　そう、カメラです。刻一刻と移り変わる我らの世界。とにかく画像にとどめて、すべてカメラロールに突っ込みましょう。

例えば、僕にとって一番の天敵。それは、立体駐車場です。

僕はこれまでの人生において、立体駐車場をことごとく避けて生きてきました。あの場所に車を止めるということは、車との今生《こんじょう》の別れを意味するからです。僕は実際に、立体駐車場で車を探して３時間さまよったことがあります。ＡＤＨＤにとって立体駐車場は、難攻不落の魔境ダンジョンと言えるでしょう。

立体駐車場を極力使わないのがベストですが、どうしても使う必要がある場合、この悩みを一発で解決できる方法があります。それは、**車を降りるときに、番号や周りの景色を写真に撮っておく**ことです。

「そんなことかい！」とツッコミを入れたくなるほど単純明快な「写真撮影」という

手法は、僕自身の経験から、ＡＤＨＤに極めて有効なライフハックだと思っています。まず第一に、写真はウソをつかない。絶対的な証拠として、そこに存在してくれます。対して、記憶ほどあやふやなものはない。特にＡＤＨＤの記憶力なんて、当てにならないことこのうえない。繰り返しますが、ＡＤＨＤは自分を信じないこと。「車、確か3階に止めたよな」という根拠のない記憶は、ハナから疑ってかからなければいけません。

常に写真を撮って、**記憶ではなく記録に頼る**こと。これを習慣化することで、物忘れや勘違いはずいぶんと減っていきます。立体駐車場の番号はもちろんのこと、ホテルの部屋番号、出口が何個もある駅の出口番号、絶対にいつか失くすであろう誰かの名刺など、大事なものは全部写真に撮っておく。パシャッと一瞬のことなので手間にならず、非常に習慣化しやすいんですよね。

まとめ

- **現実世界の情報はカメラ。オンライン上の情報はスクショ**
- **カメラロールにまとめて一元化すれば、保存した場所で迷わない**

ADHD特性の使い方 05

視界の外はブラックホール。大事なものは目から手から離さない

家に財布忘れて
電車の中に書類置き忘れて
急いで帰ろうとしたら
家の鍵もどっかいった
無

忘れるだけでなく、失くすのがADHD。そう、大量の忘れ物、失くし物をするんですよね……。対策は、大事な物は、1つにまとめて身につけること。**目と手から離さないこと。**そして、失くしてもさほど凹まないこと。

忘れ物、失くし物は、ＡＤＨＤにとって死活問題。

大切な物はできるだけ手から離さない。そして、視界の外に出さないことが大事です。**視界の外はブラックホールだと思ってください。目を離せばそれはもう、失くしたと同じです。手を離せばブラックホールに吸い込まれます。**

できるならカバンや財布などは、手錠をしてでも手に括《くく》り付けたいところです。

これまでに星の数ほどの忘れ物、失くし物をしてきた僕ですが、一番大きな忘れ物といえば車です。海外旅行をするのに成田空港まで車で行ったのですが、旅行が終わって帰る際、空港まで車で来たことをすっかり忘れて、電車で帰ってきました。家に帰って車がないことに気づき、「やべ、オレ空港まで車で行ったじゃん」という事実に思い至り、次の日、焦って空港まで車を取りに行きまして。

でも、ないんです。車が。駐車場を隅から隅まで探しまくってもないんです。それでまた気づいたんです。自分が、羽田空港にいるということに。僕は羽田で泣きながら美味《うま》い飯を食べて、手ぶらで帰ってきました。

こんなこともありました。昔付き合っていた彼女から、誕生日プレゼントに、時計とアクセサリーをもらったんです。めちゃくちゃ嬉しくて、そのまま2人でディズニーランドへ行きました。

で、「カリブの海賊」に乗ってご満悦で出てきたら、プレゼントがそのままごっそりなくなっているんです。僕は意味がわからず、泣いている彼女の隣で「カリブの海賊だ……海賊にやられた……！」と言うしかありませんでした。あのときのプレゼントはその後も出てくることはなく、僕は本当に海賊にやられたと思っています。

このように、**忘れ物や失くし物が圧倒的に多い**のもADHDの特性です。

トイレの個室でスマホをその辺に置いておくと、体感50％の確率で、置いたことを忘れてトイレから出てきてしまいます。あのちょっとした物置きスペースは、ADHDにとっては罠《わな》と言ってもいいでしょう。電車の網棚なんかも完全に罠なので、荷物は絶対に置きません。

忘れ物、失くし物が頻発する理由は、物忘れが多い理由と基本的には同じです。

つまり、**目の前のことに思考が集中し、少し前のことは脳の隅に追いやられてしま**

うから。トイレに入ってスマホを物置きスペースに「置いた」と記憶しても、その後の「用を足す」という行為に意識を奪われ、スマホの存在自体がキレイさっぱり頭から消えてしまうんですね。

……あらためて書いてみると、自分でも「マジか」と思うのですが、マジなんです。スマホも車も、ときには友人や彼女ですら忘れてしまう。

これって要は、脳の習慣化の問題なんですよね。普通の人は、「あの店は美味《おい》しかったな」「今日は大変な1日だったな」というように、過去の振り返りを行います。一方でADHDは、過去の振り返りを全くしないとは言いませんが、基本的には「今、目の前にあること」が最優先。**振り返りがあまり習慣化されていない**ため、どうしても忘れっぽくなったり、失くし物が多くなる傾向にあるのだと思います。

それでは、忘れ物、失くし物に長年苦しめられた僕が編み出した最善策をご紹介しましょう。

視界の外に出すな。体から離すな。1カ所にまとめて身につけろ!

やしろのサコッシュ

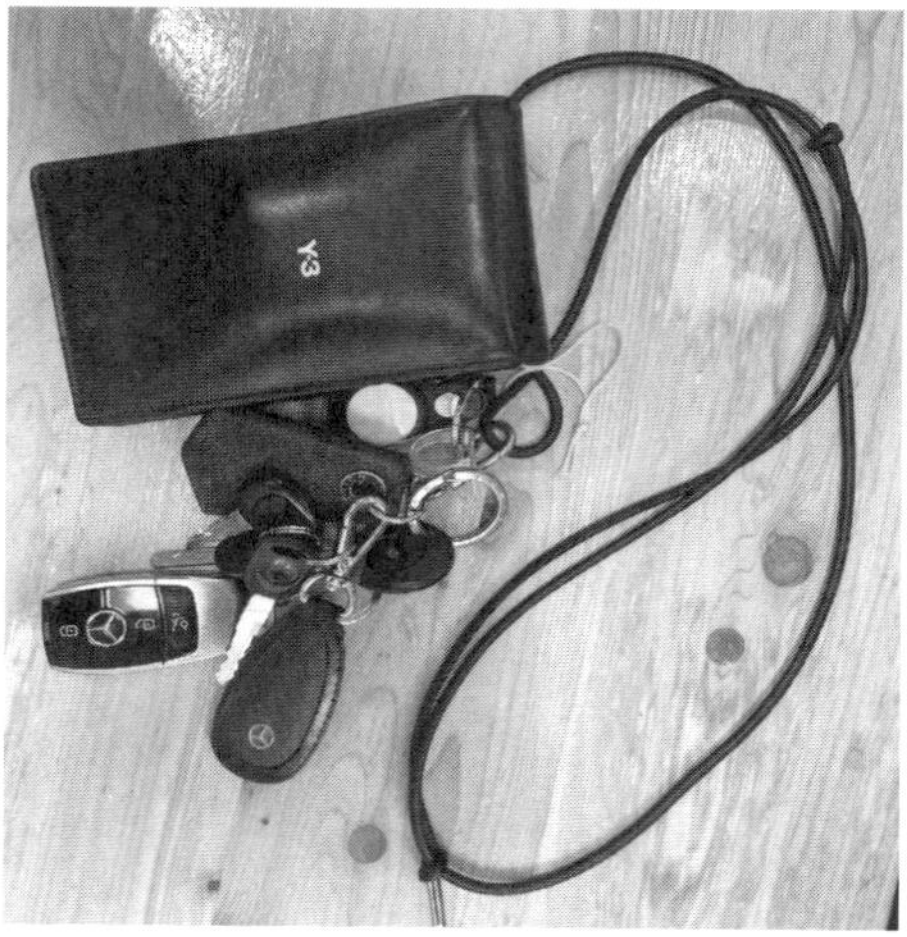

超絶原始的、かつ物理的な手法ですが、これが最強だと思います。

「決まった場所に物を置く」とか「事前に持ち物リストをつくる」みたいな幻想は捨ててください。それらはみな、ＡＤＨＤにはハードルが高すぎるライフハックです。**必要な物、大切な物はすべて1つのバッグに収納し、それを常日頃から身につけておく。**回り回って、これが結局、失くし物対策には一番効果的でした。

僕はいつも、小さめのサコッシュを身につけていて、そこにすべてを収納しています。現金、クレカや診察券などあらゆるカード類、家の鍵、車の鍵、自転車の鍵、名刺、お守り。これさえあれば、どこにいても何とかなるだろうセットです。

で、ここに忘れちゃいけないのが、**GPS機能がついた紛失防止タグ**。万が一どこかに行ってしまった際のお守りみたいなものですね。僕はこのタグを、車、自転車、ペットの犬など、身の回りのあらゆる物につけています。サコッシュを失くしたら絶望の極みですが、どこに行くにも何をするにも体から離さないので、今のところ失くさずにすんでいます。ちなみに、スマホに関しては手持ちなので、先述のようにトイレなどで未《いま》だによく失くし、そのたびにGPS機能のお世話になっています。

傘やちょっとした手荷物に関しては、「失くすもの」として半ば諦めています。

忘れないでほしいのが、**大抵の物は、失くしてもさほど困らない**ということ。遅かれ早かれ、「物」はいつか、目の前から消えていきます。失くしても落ち込むのはせいぜい数日で、むしろ断捨離ができたと思って前向きに捉えましょう。車や大切なプレゼントを忘れ、失くしてきた僕が言うんだから、間違いありません。

まとめ

- **視界の外に出すな、体から離すな**
- **必要な物、大切な物は1つのバッグに収納して身につけておく**

ADHD特性の使い方 06

完璧な返信を目指さない。誕生日メールも前日に送っていい

LINEやメールの未読が山のようにある、返事を「後で」と放置する……。こうした先延ばしグセ、本当によくありますよね。**ADHDは脳を通すとダメなんです。**考えると先延ばししてしまうものなので、考えないまま即レスです。

今ふとＬＩＮＥを見たら、未読が２６７件ありました。

どうも。ＬＩＮＥが既読にならないことでおなじみのやしろあずきです。

ＡＤＨＤで、**ＬＩＮＥやメールの未読が１００件単位でたまっている**人は少なくないと思います。これ、ＡＤＨＤの特性である**先延ばしグセ**の典型例です。

何となく億劫《おっくう》で「後で返信しよう」と放置していたら、そのまま忘れる。返信メッセージを打っている途中でほかのことに気を取られて、未送信のまま放置する。別の作業に集中していて、ＬＩＮＥの通知に気づかない。「ヤバい、返信しないと」と気づいたときには何週間も経っており、気まずくなってそのままスルー。

こんなパターンに心当たりがある人も多いのではないでしょうか。

ＡＤＨＤがＬＩＮＥを未読スルーするのは、決して相手のことが嫌いなわけじゃないんです。僕の場合は、むしろ**「ちゃんと返信しなきゃ」**と思っているからこそ、あえて未読の状態を保っている節があります。既読にしてしまうと返信するのを完全に忘れてしまうからという理由ですが、すみません、未読のままでも放置してしまうだけだということに、最近ようやく気づきました。

理想的な解決法としてはやはり、即レスを習慣づけることです。ＬＩＮＥも仕事のメールも、見たらその瞬間に返信する。ポイントは、完璧な文面を目指さないこと。**「了解です！」「ＯＫ」の一言でもいいし、なんならスタンプ１つでいいから、とにかく即レスという行為を体に染みつける**ことが重要です。

考えるな、ボタンを押せ。そう、脳を通すと、ＡＤＨＤはダメなんです。できるだけ脳を通さずに考えないで行動することが大事です。

誕生日の「おめでとう」メッセージでも同じことが言えます。誕生日でよく、日付けが変わる0時ちょうどにお祝いのメッセージを送る文化がありますよね。

ＡＤＨＤの場合、直前まで「よっしゃ！　あと10分で0時だ！」と息巻いていても、ネットを眺めていて気づいたら寝ていて、送るのを忘れる。そういうことはザラに起こります。それを防ぐためにも、0時10分前だろうが、誕生日前日であろうが、「ちょっと早いけど、おめでとう！」とメッセージを送ってしまう。

思いついた瞬間に、完璧を捨てて即行動を意識してみてください。

……と言ってはみたものの、「それができたら苦労してないんだが？」というのが大半のADHDのリアルだと思います。僕も実際、「即レス月間」というのを設けて実践したことがありますが、あえなく挫折した苦い思い出があります。

そこで、もっと現実的な解決法として提案したいのが、**1日1回、「強制返信タイム」を設ける**ことです。朝の通勤中やランチ休憩、寝る前などに、「本腰入れてLINEとメールの返信すっぞ！」という時間を予定として組み込んでしまうのです。これはぜひ、先ほど紹介した「リマインくん」やアレクサのリマインド機能も活用しながら実践してみてください。

先延ばししてしまうのは、やるかやらないか迷う選択肢があるから。

大事なことなので繰り返しますが、脳を通さない。脳に疑う余地を与えないこと。「返信をする」という時間を強制的に確保することによって、余計なことを考えずに実践できるはずです。

気をつけたいのが、**メッセージは返信タイムまで開封・既読をしない**こと。読んでしまえば返信するのを忘れるリスクがあるので、返信タイムに一気に既読にするようにしましょう。逆に言えば、**返信タイム以外の時間でメッセージに既読をつけてしまったら、即レスする**ことを心がけましょう。

返信タイムを毎日の歯磨きのように習慣づけられたら、即レスとはいかずとも、ちゃんと返信できるマンには昇格できます。僕も過去に実践していましたが、決まった時間に一気に返信するのが妙に気持ちよく、ちょっとしたゲームっぽさもあり、この方法は思いのほか長続きしました。すみません。ここ1カ月ほどサボってしまって冒頭の未読数になってしまいましたが、この本が出る頃には未読ゼロになっているはずです。多分。

即レスもムリ、返信タイムをつくるのもムリ……という人のLINE対策としては、とりあえず**企業の公式LINEや広告アカウントをブロックする**だけで、通知の煩わしさや不要の未読メッセージからは解放されて、ほんの少しだけ「LINEと向き合ってみるか」という気持ちになれるかもしれません。あるいは、大事な連絡をやりとりする人は、**ピン止め機能を使って常に画面の一番上に表示されるようにする**

など、ワンアクションでできる最低限の工夫を実践してみてください。

忘れないでほしいのは、ADHDの人が悪意なく未読スルーをすることで、「**嫌われたかな？」「大丈夫かな？」と相手が不安になっているかもしれない**ということ。過剰な気遣いは不要ですが、誰かに心配をかけている可能性があることは、頭に置いておいてもいいかもしれません。返事はしないのにXは更新するとかも失礼になるのでやめましょう。

反対に、ADHDを相手にLINEのやりとりをしている人は、**返信がなくてもさほど気にする必要はありません。**返信があるほうが珍しいくらいの気構えで、温かい目で見守っていただけたら幸いです。

まとめ

- **できるだけ脳を通さずに考えずに行動する**
- **思いついた瞬間に、完璧を捨てて即行動。スタンプ1つでもOK**

ADHD特性の使い方 07

脳内の右京さんを召喚、「果たして本当にそうでしょうか？」

「これならできるだろう」と過信しては、失敗を繰り返す……たび重なる失敗から学べないのが我らADHDの民ですが、**それでも変化を諦めては、人は生きる意味を失います**。さて、そんなときに僕がするのは、「脳内に右京《うきょう》さんを飼う」ことです。「こんなとき彼なら何と言うか」を考えてみるんです。

ここまでにも何度もお伝えしていますが、ADHDが日々を問題なく乗り切るために最も重要なことは、**自分を信じないこと。**これに尽きます。

思い返してみてください。今までに幾度となく失敗を繰り返し、そのたびに「またやった！　気をつけなきゃ」と反省するも、いざとなると「まあ、こんくらいなら大丈夫やろ」と過信し、また同じ失敗を犯してしまう。

僕がADHDであることを公表してから、「言うて漫画家は自由な職業だから、さほど問題ないだろ」と言われることも多いのですが、実際はシャレにならない失敗の連続です。

30分後に打ち合わせ↓さすがにリマインド設定しなくても大丈夫やろ↓無事忘れる

LINEの通知↓今は気分じゃないから後で返そう↓無事忘れる

立体駐車場に車を止める↓確か3階だったよな↓無事迷う

待ち合わせ、多分14時だったよな↓違う

スマホ↓失くす

旅行→何か絶対忘れるor失くす

もうね、こんな失敗、無限にありますわ。

この失敗の問題点って、「忘れる」とか「失くす」みたいな結果じゃなくて、その過程に生じる**「これくらいなら大丈夫だろう」という自分への過信**なんです。

繰り返します。ADHDは自分を信じるな。

脳内に右京さんを飼って、常に疑ってかかれ。

はい、詳しく説明しましょう。

右京さんとは、言わずと知れた、ドラマ『相棒』に出てくる杉下右京さんのことです。僕は常に、脳内にこの右京さんを宿しています。「これくらいなら、リマインド設定しなくても大丈夫だろう」と思った瞬間、脳内右京さんが「**果たして本当にそうでしょうか?**」と、あの口調でつぶやいてくる。すると、「大丈夫じゃなかったわ。リマインドしよ」と、己の過信に気づくことができるのです。

対策や確認をサボろうとすると、常に「果たして……」と語りかけてくる脳内右京さん、マジでおススメ。みんなも脳内で、自分の右京さんを育てていきましょう（もちろん右京さんじゃなく、あなたが好きなキャラクターに置き換えてOKです！）。

もちろん、本質的な部分では、自分を信じることが大前提です。

ADHDは人と違う特性があるだけで、基本的には自分に自信を持って、それとうまく付き合っていけばいいだけの話。僕は昔から「自分は天才だ」と思って育ってきたのですが、その根拠のない自信によって、今まで何とか生き延びてきました。

でも一方で、**自分を信じないことで生きやすくなる部分もある**。僕の脳内にいる右京さんは、そんな目からウロコな発想を与えてくれたのでした。

まとめ

- **脳内に右京さんを飼って、常に疑ってかかれ**
- **合言葉は「果たして本当にそうでしょうか？」**

第2章

頭より先に体が動く、多動と衝動性を行動力に

行動する・しないで、キミの未来は、大きく変わります。過去には堀《ほり》江《え》貴文《たかふみ》氏の書籍にもなったように、とにかく行動することを肯定する「多動力」という言葉が注目されたこともありました。頭で考えるだけで体は動かない人もたくさんいます。その中で、行動するためのエンジンを持っているADHDは幸せだと僕は思うんです。

ADHD特性の使い方 08

「やりたい」気持ちを解放！瞬発力抜群の行動力に

行きたいと思ったら行き
やりたいと思ったらやる
それが自分の人生

「やりたい」と思ったら我慢できないし、後先のことも考えられない。多くの失敗も生む衝動性と多動性ですが、一方で、**行動が人生を変える第一歩になることも間違いありません。**この衝動性は巨人の力。使いこなして強い巨人になれ。

昔、台湾へ旅行したときの、帰りの飛行機内での話です。

僕は機内で映画を観るのが好きで、そのときも、日本で話題になったホラー映画を観ていました。これがむちゃくちゃ面白い。

画面にかじりつく勢いで鑑賞し、ついにラスト10分のクライマックス！

どうなる⁉　となったときに、突然画面が消えたのです。

そして、

「当機は羽田空港への着陸態勢に入ります」

という無慈悲なアナウンスが流れました。

えええええええ！　このタイミングで強制中断⁉

続きが気になる！　気になりすぎる‼

ということで、空港に着いてから真っ先に上映中の映画館を調べたところ、劇場公開はすでに終了しているとのこと。

まだだ！　DVDがあるはずだ……と検索するも、DVD発売は再来月……。

ウソだろ……。オレこれ、再来月まで観られないの？

ラストが気になりすぎるまま、再来月まで耐えなきゃいけないの？

ムリ……ムリだよ……。

そして羽田空港に到着してすぐ、**僕は再び、台北行きの飛行機に乗っていました。**

映画の続きを無事に鑑賞し、台北の夜市で美味い飯を食って、その日のうちに羽田に帰ってきました。

おわかりいただけただろうか。

これがADHDの特性の1つ、**抑えきれない衝動性**である。

「信じられない」「ムダ金すぎる」と思う方もいるでしょう。でも、僕にとって再来月まで続きが観られないということは、耐えられないことだったんです。

このまま続きを観させてくれるなら、10万円くらいなら払えたかもしれない。

どんなに理性的な損得の計算も諦める理由にはならない。

「今すぐ観たい」という欲求を抑えられない。

「待てばええやん」という脳の指令を聞く前に、体が動いちゃってる。

やらないとモヤモヤして、何をするにも気になっちゃうんですよね。

僕の周りのＡＤＨＤたちも、急激な衝動にかられ、ときにはそれで人生狂ったヤツがたくさんいます。勢いで仕事を辞めたり、絶対バレるシチュエーションで浮気をしたり、「今入れないとダメだ！」となって全財産を株に突っ込んだり。

それでも、たとえ失敗しても、あんまり後悔はしません。いや、後悔はするんですけど、もう一度そのときに戻れたとしても同じ選択をするとわかっているから諦めている。**痛い目を見ても「仕方なかった」と思えるくらいに、そのときの強い衝動には抗《あらが》えないんです。**

一見すると、損とリスクばかりに見えるＡＤＨＤの衝動性という特性ですが、見方を変えれば、強い武器にもなり得ます。僕はこれ、漫画『進撃の巨人』における、**巨人の力みたいなもの**だと思ってるんです。リスクも大きいが、強みもデカい。

起業家や経営者には、ＡＤＨＤ特性を持つ人が多いと言います。まさに巨人の力的な衝動性を発揮し、新しいアイデアを臆することなく実行するからです。普通の人が「**やるべきこと**」を優先する中で、巨人タイプは「**やりたいこと**」に規格外の情熱と行動力を注ぎ込み、ときに驚くような成果を出す。

ベンチャーの社長や成功したクリエイターの多くは、まさにこのタイプです。

「脳の指令を聞く前に、体が動いちゃってる」のも、**判断力の速さ**と置き換えることができます。「失敗したらどうしよう」という迷いゼロで動けるのは、スピード感のある判断を求められる環境ではめちゃくちゃ強い。

特に今って、何事においても変化するスピードが速い時代です。刻一刻と形を変えるチャンスを逃さない行動力は、**今の時代に合った特性**と言えるかもしれません。「やらなきゃ気がすまない」という衝動性、好奇心の赴くままにパッと動ける身軽さは、うまく使いこなせれば、人から羨ましがられるような特性でもあるのです。

ただし、**使いこなせなかった場合のリスクが高い**のも確か。

初期のエレンがうまく巨人化できなかったように、その特性をある程度ハンドリングできないと、取り返しのつかない失敗を招くこともあるので注意が必要です。

最も気をつけたいのが、お金関係。特にギャンブルです。僕も多少はたしなみますが、基本的に、**ＡＤＨＤは賭け事や投資に向かない**と思います。

衝動的に全財産突っ込みかねないから。

「仕方なかった」じゃすまないくらいのダメージを食らうこともあるので、僕は海外のカジノに行くときは、**必ず制御してくれる誰かにお供してもらっています。**

ギャンブルが好きなＡＤＨＤは、やめろとは言わないけど、１人でやらないほうがいい。あと、カード類は家に置いていくべし。常に現金だけを持って、なくなったら潔く諦めるべし。投資は安易に手を出さず、親や友人など信頼できる人にまず相談しましょう。

衝動性は強い武器だけど、**お金とは相性が悪い**ことを覚えておきましょう。

まとめ

- **チャンスを逃さない行動力は、今の時代に合った特性**
- **ただしお金関係、特にギャンブルには気をつけろ**

ADHD特性の使い方 09

物に当たる「悪い衝動性」を運動で解消

ADHDの衝動性は、イライラして人や物に当たるなど、ときに悪いエネルギーとして放出されることも。あり余るエネルギーは、エクササイズに変えて発散しましょう。**家の中にいると爆発するタイプの人は、とにかく「家を出る」が大事。**

打ち合わせ風景

ADHDの代表的な特性に、常に落ち着きがなく、一定の場所にじっとしていられない多動性があります。

先述した衝動性も、広く考えれば多動性の1つでしょう。

多動性は主に子どものADHDに見られる特性で、大人になれば収まるケースも多いとか。でも、僕の周りには、常に貧乏ゆすりをしていたり、自動改札が開くのを待てずに毎回引っかかったりするようなヤツが結構います。

かくいう僕も、カフェなどで打ち合わせをすると、テーブルの上がたちまち紙くずだらけになります。

打ち合わせ中でも、**喋りながらつい**

手癖で、お菓子の袋やストローの紙で折り紙しちゃうんですよね。

これも多動の一種で、大の大人が座っているのに、テーブルだけガキ。それが僕の打ち合わせ風景です。

折り紙しちゃうくらいならかわいいもんですが、暴力性に紐《ひも》づくような多動性、あるいは衝動性は、対策する必要があります。例えば、僕は中学生の頃まで、**カッとなったりイライラしたら、パソコンを殴るクセがありました**。怖いですよね。

これも1つの衝動性で、前項で「衝動性は武器になる」とお伝えしたばかりですが、こうした破壊癖ばかりは何の得にもなりませんでした。

パソコンを買い替えるのは全くもってバカげた出費だし、**突然暴れ出すのは客観的に見て怖い**。普通に引かれるので、過去のクセとはいえ、あまりこの話はしないようにしています（本には書く）。

カッとなりやすい人に、巷《ちまた》には「**6秒ルール**」なるものがあります。

怒りは6秒経てば静まるので、とにかく6秒待ちなさい、というライフハックなんですが、実際のところ、これだけだと我々には頼りない。

よって、僕が提案したいのは、「**シンプルに運動しろ**」「**とりあえず家を出ろ**」ということです。**カッとして手が出そうになったら、家を出ろ。**そんで走れ。

周りのADHD民に聞いた範囲ですが、こうした発作は家の中や閉鎖空間で起こることが多いようです。人目があると冷静になれるので、僕の場合も、人前で暴走することはほぼありません。その分ため込んだストレスを、家という慣れ親しんだ閉鎖空間で発散しやすいのでしょう。

だから、イラッとしたら外に出よう。歩くだけで運動にもなる。

行き場のない衝動性は、1回外に出るなり場所を変えるなりして落ち着かせる。そして、エクササイズに変えるべし。

実際に僕は、もう何年も運動を続けています。暴力的な衝動性、貧乏ゆすり、落ち着きのなさが減っているのは、常日頃から体を動かしていることが無関係ではない気がするのです。それらに消耗されるエネルギーをすべて、運動に回せばいいんですか

やしろの家にあるスマートバイク

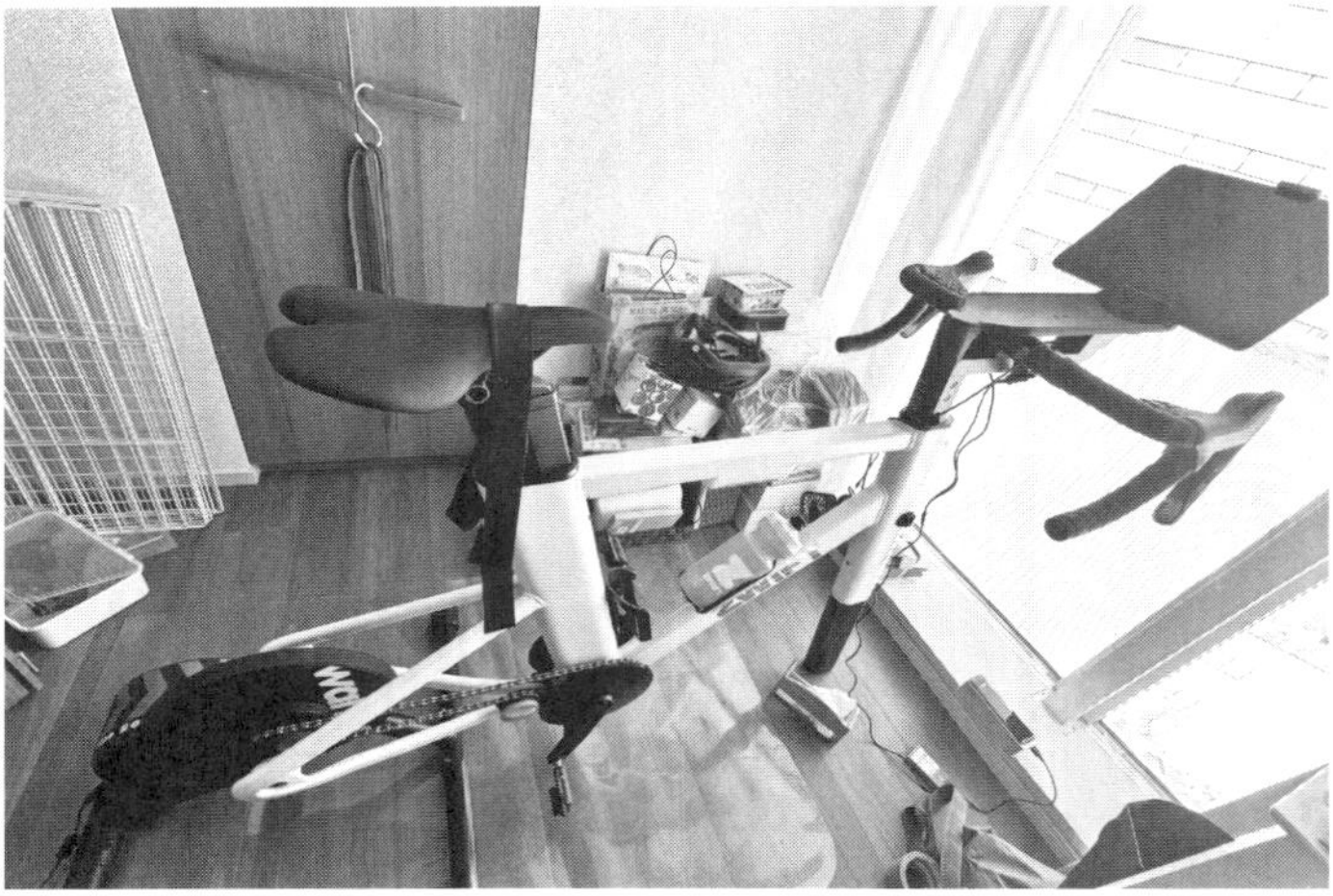

ら。

国立台湾大学（NTU）で、ADHDの人は、30分間の有酸素運動をするだけで認知機能が高まるという研究結果が発表されたのだそうです。脳には、感情を活性化する機能と抑制する機能があると言われています。いわば車のアクセルとブレーキですね。

たとえるなら**ADHD脳は、このアクセルとブレーキのコントロールが難しくなっている状態で、運動をすると、コントロール機能に改善が見られる**のだとか。

ジョギング、ウォーキングを習慣づ

けたり、通勤や通学の1駅分歩いてみたり。仕事の合間にストレッチする程度でもいい。カッとなると手が出る人は、いっそのことボクシングジムに通ってみてもいいかもしれません。

僕はと言うと、有酸素運動をするためにサイクリングを始めました。家の中ではスマートバイクを走らせ、外では車の代わりにロードバイクで移動しています。

ただし、チャリをこいで買い物に行った結果、チャリで来たことを忘れてタクシーに乗り、買った物もタクシーに置き忘れ、すべてをなくして家に帰還することも繰り返しています。忘れ物には本当に気をつけよう。

まとめ

- **行き場のない衝動性を覚えたら、1回家の外に出る。体を動かす**
- **短い有酸素運動はマジでおススメ**

ADHD特性の使い方 10

「トイレに行ったら腹筋」の洗脳で習慣化に成功！

毎日何回かは絶対にする「トイレ」に筋トレを紐づけ
習慣化を強制するヨ

習慣づけが下手な人は、アクショントリガーをつくりましょう。僕はトイレに行ったらスクワットをして、排尿と運動をワンアクションにしています。運動しないと排尿が完了してないような違和感を覚えるので、そうなったら勝ち。**1日に何回もする行動に、習慣づけたいことを紐づけましょう。**

先ほどのトピックを読んで、こう思った方も多いでしょう。
「運動とか、続く気がしないんですけど」
そんな人のために、ここでは**「習慣づけ」**についてお話しします。

僕が毎日運動をしていることはすでにお話ししましたが、その運動で、半年で15キロ痩せることに成功しました。ジムなどには一切通わず、自己流の運動習慣だけで痩せたのです。

このときに実践していたのが、**「トイレ＋運動」という習慣化ダイエット**です。

トイレに行くたびに、絶対に筋トレか有酸素運動をする。たったこれだけ。具体的には、スクワット、腹筋ローラー、フィットボクシングを、トイレ後にランダムに行っていました。これをしつこく続けることで、**体が「トイレ＝運動」と認識**し、ムリなく毎日運動ができるようになります。

要は、1日に何回もする行動に、習慣づけたいことを紐づけるのです。

僕がこれを続けられた理由として、謎の**こだわり癖**が大いに役立ったと思っています。**ＡＤＨＤは、決められたルールに対して、執着とも言える情熱を持って、とこ**

とんやりきる習性を持っています。

この習性を利用した習慣化ダイエットは、ADHDにこそ向いているはず。続けるうちに「**やらないと気持ち悪い**」**ゾーン**に入るので、そうなってしまえば勝ちです。

これはもちろん、「トイレ」や「運動」じゃなくても構いません。「SNSでつぶやいたらスクワット○回」「タバコを吸ったら腹筋○回」とか、「チョコを食べたら英単語を1つ覚える」「入浴したら風呂場のどこかを掃除する」など、取り組みたい、習慣づけたいことを、日常のアクションに組み合わせます。

キミの目標と生活行動の合わせ技で、習慣づけのバリエーションは無限大です。

ちなみに、僕が実践していた「トイレ＋やりたいこと」の合わせ技は、本当におススメです。だって、誰だってトイレには必ず行くから。それも1日複数回。

一方で、効果は抜群に期待できるものの、大変な目に遭う可能性があることだけはお伝えしておきます。例えば外出時。デパートのトイレで用を足したとき、どうしてもスクワットがやりたくて耐えられなくなってしまい、階段の踊り場で実行したことがあります。デパートの階段で真顔でスクワットする成人男性。職質ギリギリだったと思います。あと、お腹を壊したときも死ぬかと思った。無限トイレ地獄だけでもつらいのに、もれなくスクワット30回がついてきたので、腹を押さえて泣きながらスクワットしました。

それでもやりたい。やらずにはいられない。これが「習慣化」の強いところです。でも、アクショントリガー「トイレ」だけは、覚悟して取り組むように。

まとめ

- **1日に何回もする行動に運動を紐づけよう。「トイレ＋運動」がかなりおススメ**
- **「やらないと気持ち悪い」ゾーンに入れば勝ち**

ADHD特性の使い方 11

早口を直したいときは、「1人役者ごっこ」で観客を意識

早口のオタクトークを直したい。そんな相談をよく受けます。オタクは早口な印象がありますが、ADHDのオタクトークは、それに輪をかけて早口です。そんなときのおススメが、**「1人役者ごっこ」でセリフ風に喋ること**です。

ＡＤＨＤの「落ち着かなさ」は、早口となって表れることもあります。

いつも早口なわけではないのですが、自分のターンや興味がある話題になった際、口が爆速で回り出す。ザ・オタクトークですね。

僕も結構このタイプで、昔はよく「落ち着いて喋れや」と言われていました。

コミュニケーションと協調性をテーマにした次の第3章でもお話ししますが、ＡＤＨＤがマシンガントーク、早口になってしまう理由は、頭の中に次から次へと話題が思い浮かんでしまうからです。

基本的にＡＤＨＤって、**ボーッとしてる瞬間が極端に少ない**と思うんです。誰かと喋っているときも道を歩いているときも、サウナに入っているときですら、常に頭の中に考えていることが3つくらいある。それを早く伝えたくて、自然と早口になってしまう傾向があります。

ちなみに、僕はめちゃくちゃ字が汚いんですが、これも同じ原理です。

頭にアイデアが思い浮かぶスピードに、書くスピードが追いつかない。

だから字が絶望的に汚い。ＡＤＨＤが忘れたくないことをメモに残していても、後で見て「何て書いてあるん、これ……」となるのは、こういう理由です。

とはいえ、個人的には、**早口はそんなに悪いことばかりじゃない**と思っています。話に熱が入れば臨場感が生まれて、場を盛り上げます。「面白いヤツ」と思われることもあるし、それっぽいことをペラペラ喋るので、なんか頭よさそうな雰囲気を醸し出すこともあります。

一方で、聞き取りづらくて「何て？」となったり、意図せず相手を威圧してしまうときもあるかもしれません。特に初対面の相手と話すときは、いつもより少しペースダウンして話すことを心がけたほうがいいでしょう。

でも、早口はその人のクセなので、直すのはなかなか至難の業です。

そんなときは、**役者になりましょう**。

持ち前の想像力で、舞台に立っている自分を想像するのです。相手のことは、演技を観てくれている観客だと思って。**話す言葉を「セリフ」だと思って、演技するよう**

に話してみてください。可能であれば、身振り手振りを付け加えるとなおベター。

するとあら不思議、いつもより口調がゆっくりになっているはずです。これ、僕もたまにやる**1人役者ごっこ**です。慣れない人と話すときや、プレゼンで丁寧に喋りたいときにおススメの技。騙《だま》されたと思って、一度やってみてください。

「役者てw」とバカにするかもしれませんが、欧米では、小学校の授業に「演劇」が組み込まれているそうです。**コミュニケーションや協調性、想像力を育む重要な科目**として位置づけられているのだとか。

言われてみれば、「演じる」ことには確かに、さまざまな学びがある気がします。

まとめ

- **そもそも、早口はそんなに悪いことばかりじゃない**
- **直したいときは、話す言葉を「セリフ」だと思って、演技するように話す**

ADHD特性の使い方 12

米は洗わない、野菜はハサミで切る。“家事をしない工夫”7選

家事はね、僕はもう絶望的にできません。できないものは、できない。そう、今すぐがんばるのをやめましょう。**「家事をしない」と割り切れば、「家事をしない工夫」が見えてくる**んです。

家事、得意ですか？　僕はもちろん苦手です。洗濯も掃除も料理も、すべてが憎い。これを読んでいるキミも、僕ほどではないにしろ、家事に少なからず苦手意識があることと想像しています。

ＡＤＨＤにとって家事は永遠の課題です。なぜ、僕たちはこんなにも家事が苦手なのか。それは、その多くが**複合的な作業**だからだと思います。

例えば、一言で「洗濯」と言っても、汚れた服を洗濯機に入れる、洗濯機を回す（洗剤、柔軟剤を計って入れる）、干す、取り込む、たたむ、しまう、と、途方もない作業工程があります。「洗う」はできても「干す」作業が苦手ゆえに洗いっぱなしで放置したり、「取り込む」「たたむ」が億劫で永遠に干しっぱなしになったり。そうしたことが続くと必要以上に労力を感じ、苦手意識がついてしまうのです。

また、料理は基本的に、煮込む間に野菜を切ったり、パスタを茹《ゆ》でながらソースをつくったりと、**ADHDが苦手とするマルチタスクの連続**です。

片付けや掃除はどうでしょう。部屋が散らかっていると、まずどこから手をつけるべきかわからない。

たまたま手に取った漫画を読み出してしまい、片付けがいっこうに終わらない。汚い部屋を見るのもイヤになる。見ないようにする。汚部屋の完成です。

そこでここでは、僕なりに考えた、ADHDの家事との向き合い方についてお話しします。まず大前提として、**「がんばって家事をできるようになろう！」と思わないでください。**

もしキミが、さまざまな努力をしたうえで「どうしてもできない」と悩んでいるなら、それはもうできないし、やる必要もありません。

今はインターネットであらゆる情報を共有できるため、「最低限の家事はできなきゃ」と自分に圧をかけがちです。でも、別にできなくてもいい。SNSに溢れる「丁寧な暮らし」はすべてファンタジーの世界の話であって、**家事ができなくても人は楽しく生きていけます。**

もちろん、「**ADHDだからできない**」と、**何の努力もせずに投げ出すのは厳禁**です。

まずは自分なりに取り組んでみる。それでもうまく回らないようであれば、**強い意**

志で「できない」という自覚を持つ勇気も必要です。さもなければ、「がんばる→まただきなかった」の繰り返しが、いたずらにキミの中の自己評価をどんどん下げていくでしょう。

また、中途半端に「できるはず」というスタンスでいれば、周囲に余計に迷惑をかける場合もあります。「自分なりにがんばったけど、洗濯だけはしんどくてムリ」と言ってくれたほうが、周りの人もいろいろと対応のしようがあるからです。

まずは、家事をがんばらないこと。

できなくても工夫次第で生活はうまく回るし、キミという人間性に何の落ち度もないことを忘れないでください。

そうして家事ができないとなった場合は、心がけるべきことがあります。

それは、**「どうすればできるか」ではなく、「どうすればやらなくてすむか」を考える**ことです。

あらゆる家電がいい例です。もともとは人がすべて手作業で行っていたことを、素晴らしき文明の利器によって、現代ではスイッチ1つで賄えるようになりました。

家事の基本的な考え方は、「どうすればやらなくてすむか」を考え、工夫すること。ラクしたり手間を省くことは決して悪いことではなく、めちゃくちゃスタンダードな家事との向き合い方なんですね。

そこで、僕がやっている家事の手抜き法を以下に挙げました。

苦手な家事で実践できそうなものがあれば、ぜひやってみてください。

ADHD三種の神器は「乾燥機付き洗濯機」「食洗機」「ロボット型自動掃除機」

家事が苦手なADHDこそ文明の利器に頼るべき。

あらゆる調理を自動でやってくれる電気鍋や、アプリと連携して買い物管理までしてくれる冷蔵庫など、最近の家電はマジですごい。

その中でも特に僕が手放せないのは、**「乾燥機付き洗濯機」「食洗機」「ロボット型自動掃除機」**。ADHD三種の神器《じんぎ》と呼ばれているこれらの家電ですが、**もうこれ見た瞬間ポチって購入してほしい。**

特に乾燥機付き洗濯機は、取り入れてから生活が一変しました。僕は服をたたむ作業は好きなのですが、いかんせん「干す」「取り込む」が嫌いだったので、この作業から解放されたのはありがたかったです。

米は洗わない。野菜の皮も剝かない

米を洗うのが面倒なら無洗米を使えば解決なんですが、普通の米しか家にない場合も、「洗わなきゃ」と躍起になる必要はありません。そもそも米を洗う目的は、汚れや「ぬか」を取って臭みをなくすため。正直、ご飯によほどのこだわりがなければ気にならないレベルなので、ダルいときは「洗う」をスキップしたっていいんです。

野菜の皮も同様で、大体のものは剝かなくても食べられるし、そのほうが栄養価が高いという説もあります。**「米を洗わなきゃ」「野菜の皮を剝かなきゃ」という先入観を捨てる**と、調理がグッとラクになり、料理へのハードルが下がります。

切るのはキッチンバサミでいい

包丁とまな板って、使ったら洗わなきゃいけないのがめちゃくちゃ面倒くさくないですか？　食器と違って、食洗器で洗えないものもありますよね。この悩みを解決したのが、キッチンバサミという神アイテムです。

肉や魚はむしろ包丁より切りやすいし、野菜も、葉物はもちろん、きゅうりくらいならバッサリいけます。１００均でも買えますが、あえてそれなりのお値段のものを買って調理にフル活用したほうが、コスパ的におススメです。

洋服はハンガー干し↓そのままクローゼットにイン

洗濯物をたたむ、しまうがしんどい人は、洋服をハンガーにかけて干して、乾いたらそのままクローゼットにインすることで、おおよその労力は省けます。

ハンガー生活、まじで快適。

「○○するだけ」グッズを使い倒す

最近はこすらなくても浴槽にスプレーするだけでお風呂が洗えるものがあるし、食器だって浸けておくだけ、トレイに置いておくだけ。そんな、「○○するだけ」の便利グッズがたくさんあります。日々の掃除にできるだけ取り入れるべし。

掃除ってそれ自体はもちろん、**こするためのブラシやスポンジの管理がまた厄介**なんですよね。これらを使わないで清潔を保てるという意味でも、「○○するだけ」はめちゃくちゃ使い勝手がいいと思います。

食材を買いだめしない、つくる品数を固定する

買った食材の存在を忘れて腐らせる。そんな失敗を、僕たちは何度繰り返すのでしょうか。節約や食品ロス回避のためにも、買いだめはやめるべきです。どんなに安くても、今日、明日で食べる分だけを買いましょう。

毎日の献立はまず、「何をつくろう」と考えること自体がかなり面倒なので、「ご飯」「おかず」「汁物」の3品とするなど、品数を固定しましょう。基本的には、「焼いて盛り付けるだけ」みたいなシンプルな調理方法が吉。

洗い物を減らす細かい手抜き技

・皿洗い手抜き技その1。ワンパン料理を駆使する。「ワンパン料理」とは、フライパン1枚でつくれる料理のこと。調味料を混ぜるのも焼くのも、全部フライパンの中で完結させます。これに「**食材を切らないレシピ**」を組み合わせると、マジでいい。包丁やまな板不要になるので洗い物がグンと減る。

僕が特に好きなのは、「ハンバーグ風月見ひき肉焼き」です。ひき肉とみりん、砂糖、チューブにんにく、塩コショウ、しょうゆをフライパンの中で混ぜて焼く。火が通ったら卵を落として、蓋をして待つだけです。本当に簡単なのにめちゃめちゃ美味い。

・皿洗い手抜き技その2。調理した鍋やフライパンから、料理を直食い。マナー違反ではありますが、一人暮らしなら全然アリ。僕の友人には、皿洗いが面倒くさいあまり、炊飯器から直でお米を食べていた強者《つわもの》もいました。

・皿洗い手抜き技その3。食器を使うときはラップを敷き、汚さないようにする。炊飯器直食いのヤツの得意技でした。

・皿洗い手抜き技その4。使い捨ての紙皿やスーパーの食品トレイを食器として活用する。なんかもう、最終手段かも。

このほかにも、生活の中でこまごまと実践できる工夫はたくさんあるでしょう。見つけたらぜひ、僕にも教えてください。

まとめ

- **家事の基本的な考え方は、「どうすればやらなくてすむか」を考え、工夫すること**
- **ADHD三種の神器「乾燥機付き洗濯機」「食洗機」「ロボット型自動掃除機」はできれば買って。生活が変わる**

ADHD特性の使い方 13

どうしても家事ができないとき。人に頼るにもコツがある

どうしても家事ができないなら、人に頼るのも大きな前進。**ただし、頼り方にもコツがある。**

前項の手抜き法を実践してみても続かず、どうしても家事ができない人は、最終的には人かお金に頼りましょう。これは決してギブアップではなく、第1章でもお話しした**「できないことを自覚する」ことによる大きな前進**です。

僕は、家族や付き合うパートナーには、家事ができないことを必ず伝え、理解してもらっています。経験上、中途半端に「できるようにがんばる」というスタンスでいると、「結局やらねえじゃねえか！」となって関係性がうまく回らなくなるんですよね。「オレは片付けが絶望的にできない。たとえ床にうんこが落ちていても拾えない。だからすまんが、そこだけは頼む」と徹底的に寄りかかることで、相手も腹を括って付き合ってくれます（付き合ってくれない場合、フラれることになります）。

ここで重要なのは、**自分ができることも同時に提示する**ことです。「料理が苦手だから任せる。その代わり、皿洗いはやる」「家事は全部できないからお願いしたい。でも生活費は全部稼ぐ」。そんなふうに、自分が継続して取り組めることを提案して、不公平にならないようバランスをとることが重要です。

これは家事に限らず、仕事や人間関係など、あらゆるシーンで同様のことが言えます。**「できない」を認め、周知すること。**

その際に必ず「できること」も提示すること。

そうしてみんながそれぞれの得意・不得意を埋めていけば、世界はもっと平和に回るような気がしています。

だからこそ、**自分が何が好きか、何が苦手でできないかを模索する**ことは、とても大切です。**人生って、それがすべてだと言ってもいい。**

「はじめに」でお話ししたように、ＡＤＨＤは、この自己分析がやりやすいはずです。そして面倒くさがらず、**それを身近な人と共有するためのコミュニケーションをしっかりと図る**ことで、心地よく生きていけるのではないでしょうか。

もしキミが金銭的に余裕があるのであれば、お金に頼るのも当然アリです。

先ほど述べた「家電をフル活用する」もある意味ではお金に頼ることですし、家事は全部、ハウスキーパーに外注するという手もあります。

あとは、根本的な解決にはなりませんが、強制的に人を家に呼んで、掃除をせざるを得ない状態まで追い込む方法もあります。

昔、汚部屋に住むＡＤＨＤの友人がいました。かたくなに掃除をしないため、僕を含めた友人の何人かでお金を出し合い、事前に何も伝えず、そいつの家に風俗を呼んだんです。「今予約したから、３時間後に女の子が行くよ」と電話で伝えたところ、そいつは焦って部屋の片付けを始め、風呂場までピカピカにしていました。

まあ風俗はちょっとアレですけど、親や好きな人を強制的に部屋に呼ぶなどの外的要因をつくってみるのは、何かしらの起点になる可能性があります。

まとめ

- **「できない」を認め、周知すること。その際に必ず「できること」も提示すること。そして、ＡＤＨＤはその自己分析がやりやすいはず**

ADHD特性の使い方 14

脳がフリーズするときの「脳を洗う」リセット術

次の一手がわからず脳がフリーズするときは、1回別のことをして脳をリセットしましょう。**脳を使わず短時間で終わる単純作業や反復作業**がおススメ。

　ここまでさんざん「家事が憎い」とお話ししてきた僕ですが、唯一好き……というか、自ら進んでやる家事があります。それは、**風呂掃除**です。

　作業をしているとき、気づいたら何も考えずボーッとしていたり、逆に何から手をつけていいのかわからず、頭がパンク状態のままフリーズしてしまうことってありませんか？　そんなときに、僕は決まって風呂掃除をします。

　風呂掃除という、ひたすら無心で黙々と取り組める作業。しかも短時間で終わって、それなりの達成感を得ることができる。この作業を挟むことで、**脳がスッキリして、やる気がみなぎってくる**気がするのです。

　僕はこれを「**脳を洗う作業**」と呼んでいます。要は気分転換なんですが、気分転換にもコツがあるんですよね。

　まず重要なのが、**短時間で終わる単純作業や反復作業であること**。漫画やゲームは終わりがないので、気分転換には劇的に向いていません。頭を使わない単純作業をおススメするのは、考えるとまたＡＤＨＤの多動な部分が現れて、「もう寝ちゃおうよ」「ゲームやろうよ」とか余計なことを囁《ささや》いてくるからです。**脳を使わない作業**がおススメです。

さらに、できれば**体を動かすことが望ましい**。

同じ気分転換でも、仕事と同じ体勢のままネットサーフィンをしていては、体感としてリフレッシュできている気がしません。

「身体性」という言葉がありますが、**体が外部世界から受ける刺激、それらが与える脳やメンタルへの影響は、かなり大きなもの**です。つまり、脳をリフレッシュさせたければ、シンプルに体を動かすことが一番の近道なのです。

以上のことから、僕は風呂掃除がベストであるという結論に至りました。

頭を空っぽにできるし、終わった後の達成感で、**「今なら何でもこなせらあ！」という謎のブーストがかかる**んですよね。

その勢いのまま仕事に取り組めば、新しいアイデアが浮かんだりして、意外とスイスイ進んだりする。何より全身運動にもなるし、これで家事を1つクリアできるという点でも、風呂掃除はかなりおススメの「脳洗い」作業です。

もちろん人によって、どんなアクションが向いているかはさまざまです。

家事を紐づけるのは超おススメではあるものの、近所を軽く散歩するでもいいですし、「オンライン麻雀を1半荘《ハンチャン》打つ」と答えた友人もいました。

僕はゲームを延々とやってしまうタイプなので向いていませんが、ゲームやパズルは確かに、人によっては脳のリセットになるのかもしれません。

ぜひ、自分に合った「脳洗い」術を見つけてみてください。

まとめ

- **頭を使わなくて短時間で終わる、単純作業や反復作業がおススメ。頭で考えるな。体でやろう**

ADHD特性の使い方 15

傘や充電器などの「ADHD税」を割り切り、ストレスにしない

紛失による再購入、切り忘れのサブスク……。とにかくムダな出費が多いですよね。でも、これはもう**税金の一種だと思って諦めましょう**。生活を整えれば、お金は後からついてきます。

ＡＤＨＤは、**普通の人よりお金がかかる生き物**です。

この本をここまで読んでもらえば、うっすらとでも、その理由を想像することができるでしょう。

まず多いのが衝動買い。どうしても「欲しい」と思ったら、後先考えずに財布を開いてしまうノリと勢いで生きています。

そして移動費。遅刻が多いのでタクシーの利用頻度が圧倒的に高い。そのほかにも、無駄なキャンセル料や直前予約で通常の倍の価格でチケットを購入するなど、とにかくお金がかかってます。

紛失、破損による再購入、修理費。失くしてもろくに探しもせず「また買えばいいや」と思っているので、僕の部屋にはハサミや爪切りが無数にあります。ビニール傘なんてあれはもう、使い捨てです。

サブスク。１年以上使ってないのに会費を払い続けているサブスクがいくつもある。

さまざまなものの延滞料金。ギャンブルで散財。よく読まずに契約書にサイン。食材を腐らせる。買ったことを忘れて一度も着ていない服。不注意によるケガや事故。

今パッと思いつくだけでもこの有り様なので、これまでの無駄遣いのトータル金額はいくらくらいになるんだろうと想像したら、手が震えてきました。

こうしたADHD特性ゆえの出費は、SNSでは「**ADHD税**」と呼ばれています。これ、すごい的を射た言い方ですよね。

僕らの浪費は、ある種の税金のようなもの。だから、あまり「無駄遣いしてしまった」と落ち込まずに、「**しょうがない出費」と割り切ってしまったほうがいいです。**

中には、突発的な旅行で素晴らしい思い出ができたなど、衝動的な散財がいい結果につながったこともあったはず。

そのほかは税金だと思って、気に病むことなく淡々と納め続けるしかありません。

ADHD税はもちろん、工夫次第で減らすことが可能です。

遅刻が減ればムダにタクシーに乗ることもなくなるし、ある程度整理整頓ができるようになれば、何度も同じ物を買わなくてすむ。

つまり、**日々の生活基盤さえ整えば、自然と浪費は減ってくる**わけです。

かなり当たり前のことを言っているわけですが、ここを意外と勘違いしている人も多いように思います。「お金がない」となれば、いろいろなものを切り詰めて節約したり、あるいは労働時間を増やしたりして、まず目の前のお金を生み出そうとする。そうではなくて、「部屋の掃除を定期的にする」とか、「食材の買いだめをしない」とか、「予定を立てて、前もって新幹線を予約する」みたいに、生活の質を上げることが、結果的に金銭的な余裕につながるのです。

まずは自分の行動や生活に気を配ること。お金は自然と、後からついてきます。

そんなことよりも、**ストレスをためない。自分を責めない。こちらのほうがよほど重要**です。この本を通じて何度も何度も言いますが、ＡＤＨＤは自己肯定感を下げないことが本当に大事。

まとめ

- **「しょうがない出費」と割り切ってしまおう**
- **ストレスをためない。自分を責めない。こちらのほうが重要**

ADHD特性の使い方 16

意志の外で貯金をする、金策システム4選

貯金もお金の管理もできない。出費がつらい。どうしたってつらい……。前提として、自分の意志ではムリだと割り切りましょう。これはキミがダメなわけじゃないから、**これ以上自分を責めないと約束してほしい。**そのうえで、周囲の人やシステムに頼るコツを紹介します。

サラリーマン時代、初めてお給料をもらったときのことを、今でも鮮明に覚えています。全部で20万円弱。

生まれて初めて社会人として認められた気がして、翌日会社を休み、初任給全額を風俗に突っ込みました。一度に使うのはムリだったので、数店舗をはしごしてまで使い切りました。そして次の日から、当然のように極貧生活が始まりました。

あのときの自分は、いったい何を考えていたのでしょうか。

おそらく、人生初のお給料でテンションが上がり、「景気よく使ってやれ」という気持ちでそのような行動に出たのでしょう。

使い切った後の虚無感がすごかったので、おススメはしません。

今も昔もこんな調子で生きてきたので、僕は自分の力で貯金ができたためしがありません。30代になった今でもお金に対するルーズさを克服できず、現在はスタッフに経理を一任しています。**もうオレは、割り切ったよ。これ以上自分を責めてもどうしようもない。前に進むことを考えよう。**

家計簿をつけたり目的別に口座をつくったり、巷には有用な家計管理のライフハックがたくさんあります。

一方で、これらはほとんど、ＡＤＨＤにはハードルが高すぎるものばかりです。なぜなら、**家計管理や貯金の主な目的は、将来的なリスク管理のため**だから。刹那的に「今」を生き、長期のライフプランどころか1カ月先の未来すら考えることが苦手なＡＤＨＤは、お金の管理との相性がものすごく悪いのです。

それでも、「お金の管理を諦めたくない」「貯金しないと不安がある」と考えている人へ、ＡＤＨＤでも取り組み可能なライフハックをご紹介します。

積み立て制度を利用して貯蓄する

自分の意志で貯金をするのが困難なら、**積み立て預貯金や貯蓄型保険、ＮＩＳＡやｉＤｅＣｏといった積み立て投資**を活用しましょう。

給料天引きにすれば、自分の意志とは関係なく、稼ぎの一部を強制的に貯蓄に回せます。さらに一定期間は解約できない仕組みのものにすれば、貯めたお金を簡単におろせなくなるのもポイント。「積み立てとかNISAとかよく知らん。調べるのも面倒くさい」という人も、理解すればめちゃくちゃ簡単なシステムなので、周囲の人に聞いてみるといいかもしれません。

簡単にお金をおろせない仕組みをつくる

いっそのことお金の管理は、家族や信頼できる人に任せてしまう手もあります。具体的には、使う分だけ月初めにお金をおろして、キャッシュカードやクレジットカードをすべて預かってもらうという方法です。

「子どもじゃないんだから」と思うかもしれませんが、**最終的には他者の介入が最も効果を発揮します**。実際、親にカード類をすべて預けている僕の友人は、浪費癖がかなり直ったそうです。

あるいは、**キャッシュカードのロックサービスを活用する手もあります**。

銀行によっては、指定回数を超えると口座がロックされ、ATMが使えなくなるロックサービスを提供しています。

本来はカードの紛失や詐欺防止のためのものですが、自分を律するためにこれを活用するのがADHDのための技です。

月1で「お金の日」イベントを開催する

月に1回だけ、お金と本気で向き合うためのイベントデーを設けましょう。ざっくりでいいから、今口座にいくらあって、今月はこんな大きな支出があって……みたいなお金の流れをイメージし、把握する。

これはもう本当に、ざっくりでいい。細かくやろうとすると挫折するから。

ムダなサブスクや意味がわからず支払い続けているものがあれば、このタイミングで整理する。同時に、滞納しているものはないかも確認する。月1のこの作業を継続すれば、自然と「未来を見据えたお金の管理」のベースができてくるはずです。

引き落とせるものは引き落とす

これは余談ですが、電気料金や携帯料金など、毎月必ず支払わなければならない公共料金は、**必ず口座引き落としにすること**。コンビニ払いや銀行振り込みにすると高確率で忘れ、後回しに後回しを重ねた結果、「お金はあるのにガスが止まった」みたいな事態が発生します。

お金に関するライフハックは、基本的に、**他者や外部のシステムに頼ることがベース**になります。ADHD税もそうですが、自分の意志で節約や貯金に取り組むのは、ほとんど不可能と言ってもいい。その意志にかけるカロリーがもったいないので、自分以外のさまざまなシステムを利用するというやり方にシフトしましょう。

まとめ

- **ADHDは未来に備える思考は苦手分野。他者や外部のシステムに頼ることをベースに対策しよう**

ADHD特性の使い方 17

やりたいこと問題へ終止符。特性の活きる・活きないは環境次第

「置かれた場所で咲きなさい」という言葉があります。けれど、僕は「咲ける場所を見つけなさい」を推奨しています。そして、**自分が「咲ける」場所については、これまでの人生の中にヒントがあるはず**です。

ＡＤＨＤは狩猟民族の末裔《まつえい》だという話があります。きちんとしたソースがないので、噂話《うわさばなし》程度に聞いてください。かつて狩猟を主にしていた時代、人は獲物を捕らえるために、視覚や聴覚から入る情報を敏感にキャッチしていました。あらゆる物音に耳を澄まし、目に入るものを素早く捉える。頭で考えるよりも先に行動することを重視する、まさにＡＤＨＤ的特性が優位に働く環境でした。ところが、農耕民族がマジョリティとなると、目の前の狩猟よりも、長期的な視座に立った協調性が求められるようになっていきます。ＡＤＨＤとしては不得意な分野です。

そのように想像して考えてみると、**ＡＤＨＤ特性を含めた得意・不得意の定義は、環境次第ということがわかります**。ＡＤＨＤ特性が求められ、マジョリティになる環境は、現在でも必ずどこかにあるはずです。

「ＡＤＨＤに会社勤めは向きませんか？」そんな質問をされたことがあります。「会社による」としか答えようがないのですが、確かにＡＤＨＤの特性は、組織という大きな枠組みとは相性が悪い部分もあるかもしれません。

今、職場環境がどうしても自分に合わず、努力してもつらいと感じてしまう人は、思い切って「**好き**」**を仕事にする**ほうへ舵《かじ》を切ってみませんか。「簡単に言うな」「YouTubeみたいな世界観で語るな」と思うかもしれません。でもこれ、キレイごとでも何でもなくて、たった一度しかない人生の話です。

人生とは、自分の「好き」や「天職」を見つけること、あるいはその過程そのものである。僕は真剣にそう思ってるんですよね。

僕は漫画家になる前、サラリーマンとして一般企業に勤めていたことはお伝えしました。ここでもう、壊滅的に仕事ができなかった。集中力はない、ミスは多い、コミュニケーションもうまく取れない。全部イヤになって投げ出して帰ってしまい、先輩に尻ぬぐいさせてしまったことも一度や二度ではありません。呆《あき》れた上司がとうとう、僕を部署異動させました。新しい部署は企画を考えるところで、ここで僕は、今までの失敗を取り返すがごとく、怒濤の勢いでアイデアを連発しました。資料づくりや細かい事務作業よりも、クリエイティブに適性があったんですね。何より、**僕自身が仕事に対して「楽しい」と感じられた**ことが、極めて大きな収穫でした。

数字に強い人、プログラミングが得意な人、モノづくりに楽しみを見出す人。得意なことは人によってさまざまで、それを仕事に活かすことができれば、人生がグッと豊かになることは言うまでもありません。**得意・不得意が極端に突出しているADHDなら、これがいっそう顕著**です。苦手な作業はとことんダメ、その代わり、得意な分野や好きなことには時間を忘れて没頭できて、高い能力を発揮することもある。

だから僕は、**ADHDこそ、報酬や世間体、その他もろもろの「こうあるべき」を取り払って、自身の得意分野に特化したほうがいい**と思うのです。努力をしてもうまくいかないのは、自分のせいではなくて適性の問題かもしれないと、考えてみてほしいのです。自分の好きなこと、得意なこと、「これだったら一生努力できる」と自信を持てる分野は何か？　ぜひ考えてみてほしいのです。

まとめ

- **ADHD特性が有利に働く環境は、必ずある**
- **ADHDこそ、自身の得意分野に向き合ってみてほしい**

ADHD特性の使い方 18

好きなことがわからないときは、叱られた経験を思い出して

努力が続かないし、「好き」も見つからない……。そんなことはない。物理的に時間を消費している“何か”がきっとあるはず。**時間を忘れて没頭して失敗したこと、怒られたこと、心配されたことを思い出してみて。**

「好き」を仕事にしようにも、そもそも**「好き」が見つからない**。たとえ好きなことでも、**努力を続けられる自信がない**。これに関しても、僕なりの持論があります。

僕はサラリーマン時代から、副業でWEB漫画を描いていました。

企画の部署に入って仕事にやりがいは生まれたものの、チーム作業のしんどさや、毎朝出社しなければいけないというプレッシャーがストレスで、「漫画の月収が会社の月収を上回ったら、辞めてフリーランスになろう」と考えていました。

朝から晩まで普通に会社員として働いて、帰ったら明け方まで漫画を描く日々。当然、毎日寝不足です。

運よく漫画が軌道に乗り、晴れてフリーランスの漫画家になれたわけですが、今でも漫画は毎日欠かさず更新し、それをもう10年以上続けています。

この話を人にしたとき、「努力されてきたんですね～」と言われて初めて気づいたことがあります。

え？　これって努力なの？

僕自身は努力をしている自覚がなくて、単純に、漫画を描き続けることが苦ではなかっただけなんです。

でもそれが、**他人から見れば努力に見える。**これは大きな発見でした。

努力って、**がんばることじゃなくて、飽きずに取り組み続けられること**なんです。

ずっと続けられれば、それがいつか才能になります。そう考えれば、誰にでも1つは、気づかずに「努力」して続けていることがあるんじゃないかと思うわけです。

ゲームが好きならゲームでもいい、メイクでもいい、お酒でもラーメンでもいい。今キミが「好き」と感じていて、それをやり続けることが苦ではないと感じられるコンテンツはありますか？　もしあれば、それに携わる仕事やコミュニティ、人間関係にコミットすれば、新しい道が開けるかもしれません。

特に今の時代って、どんな分野でも、それに紐づく何かしらの仕事があるはずです。**正社員を辞めてバイトでもいいから、そこに身を投げてみる**のは全然アリだと思っています。というか、長い目で考えたら、絶対そっちのほうがお得です。

もし、「いくら考えても、ずっと続けられるほど好きなことがない」となれば、これはもう探すしかありません。僕もこれまでに、ゲームやスポーツ、プログラミングなどさまざまなものに手を出して、唯一残ったのが漫画でした。

全部飽きるし続かないけど、漫画だけは続いたんですよね。

僕にとっての漫画は、キミにとっては何になるのか。

これを探し続ける努力をしましょう。

うん。これはまごうことなき「努力」ですね。これを怠らないこと。

今は幸いにも、インターネットで世界中のあらゆる情報に触れる機会があります。リアルでも、街を歩けばいくらでも楽しいコンテンツを見つけることができます。

そうしたものに触れる中で、少しでもアンテナに引っかかったら、とにかくチャレンジしてみてください。

そして、途中で「何か違うな」と思ったら、即やめてOK。

その経験は努力の貯金となって人間性の幅を広げてくれるし、いつかどこかで役立つ日が必ず来るでしょう。

「好き」を見つける過程において、ムダなことは1つだってないのです。

加えて言うなら、**過去の人生を振り返って、子どもの頃に好きだったもの、夢中になっていたものに注目してみる**のは手です。

「子どもの頃は電車が好きで、駅に行くのが楽しみだった」「妙に爬《は》虫《ちゅう》類にハマった時期があったかも」「駄菓子の袋のデザインが好きで、集めていた」……。

親や周りの人にぜひ、聞いてみてください。今の自分の深層にある「好き」のヒントが隠されている気がします。

思えば僕は、小さいときから絵を描くのが好きでした。漫画家になった今、家のあちらこちらに落書きをして、母親に怒鳴られていたことを懐かしく思い出します。

実は、時間を忘れて没頭して失敗したこと、怒られたこと、心配されたことは大きなヒントです。夢中になるというのはよくも悪くもわがままな行為ですから、波紋を生みやすいのですね。

好きなことがわからないときはポジティブな記憶だけでなく、叱られた経験も思い出してみましょう。

今お伝えしたように、僕は絵を描くのに夢中で、母親によく怒られていました。そして、あまりに熱中したものだから心配もされました。

夜、寝る間も惜しんでしたことはないですか？　同人誌をつくっていた、ドラマを観続けた、ゲームをしていた、アクセサリーを手づくりした、歌の配信をした……などなど。寝不足で出社して危うくミスをしかけた、なんて冷や汗経験にヒントがきっとあるはずです。

物理的に時間を消費しているものを探すのも手です。

iPhoneであれば、アプリの起動時間がグラフで表示されます。どんなアプリに時間を使っていたか一目瞭然です。

まとめ

- **没頭して失敗したこと、怒られたこと、心配されたことは大きなヒント**
- **好きなことがわからないときは、叱られた経験を思い出してみよう**

ADHD特性の使い方 19

「そんなバカな」という突拍子もないアイデアも一度やってみる

普段からポンポンとアイデアを口に出しているからか、「夢見がち」「現実的な提案ができない」と言われてしまうことがあります。**でも、「そんなバカな」と言われることも、どんどん実践してみましょう。**

やしろを知っている人ならば、やしろに「三角コーン」のイメージが強い人も多いと思います。

知らない人は「は？　三角コーン？」という感じだと思うので、あらためて簡単に説明します。

ことのきっかけは、軽い気持ちで公開したAmazonの「ほしい物リスト」に三角コーンを入れたことでした。

「ゲーム機など、ガチで欲しい物ばかりを入れるとイヤな感じになる」という知人のありがたいアドバイスに従って、安くて全然いらない三角コーンを緩和剤として入れておいたのです。

そこから**僕の家が三角コーンまみれになるまでに大した時間はかかりませんでした。**

もうね、無限に三角コーンが送られてくる。誕生日とか関係なく、全国各地からエンドレスに送られてくるんですよ。

もうどうにでもな～れという気持ちで漫画のネタにしたところ、ますます大量の三

やしろ家に届いた大量の三角コーン

角コーンが届くようになり、中には凝ったオリジナル三角コーンを送りつけてくる輩《やから》も現れ、僕の一大コンテンツとなってしまったのです。

するとある日、「日本盲導犬協会に三角コーンを寄付しませんか」という大変ありがたいお話をいただき、喜んで寄贈させていただくことになりました。それをXで報告したところ、各地の学校や消防団から寄付依頼があり、最終的には社会貢献にまでつながってしまったのです。

いやぁ、人生って、本当に何がどう

なるかわからないものですね。

何が言いたいかというと、**「バカなの？」と思うようなくだらないアイデアや、「さすがにないだろ」という突飛な発想も、1回やってみる価値はマジである**、ということです。


常にいろいろな思考が脳を駆け巡っているADHDは、発想力や独創性が豊かです。話していればアイデアがポンポン出てくるし、人が思いつかないような視点で新しいものを生み出すことができます。

一方で、普通の人からすれば、「さすがに……」というぶっ飛んだアイデアを思いつくときもあります。会議で「テーマは三角コーンでどうでしょう」と言えば、「え？何て？」となるでしょう。


でも、ここでめげてはいけません。

「的外れな意見かも」とか「変なヤツと思われる」などと日和《ひよ》ってはいけません。

そのアイデアがどう転ぶかは、誰にもわからない。キミの類まれなる発想力に自信を持って、思いつくことは何でも提案してみましょう。僕の経験上、むしろ会議では「変なヤツ」と思われたほうが勝ちということもあります。

そして、**どんなに突拍子もないアイデアでも、試しに一度はやってみる。**これは仕事環境にもよると思いますが、やってみないとわからないこともたくさんあります。

例えば、僕は子どもの頃、庭に埋まることにハマった時期がありました。理由はわかりません。とにかく庭の土を掘り、そこに体を埋めることに、強烈な魅力を感じていました。

それを見た母親は、最初は驚きおののいていたものの、小考の後、「オーケー。気がすむまで埋まってな」と言い放ちました。彼女は基本的に、僕の行動においては「**即否定はせず、一度は自由にやらせてみる**」というスタンスでいてくれたので、それは極めてありがたいことでしたね。

で、土に埋まってみてわかったこと。特にありません。

しいて言えば、土に埋まっても大した収穫はないということがわかって、大人になってからは漫画のネタにもなりました。

あと、「子どもの頃、よく庭に埋まっててさー」と言うと結構ウケるので、飲み会のエピソードトークが1つ増えました。そう考えると、子どもの頃の奇行って、大人になると鉄板ネタで回収できる伏線みたいなものですね。

アイデアを実行しても、成功するかどうかはわかりません。成果になるのは大分先になるかもしれないし、あるいは、「失敗した」と思っていても、別の場所の誰かに「面白いことをやるヤツだな」とこっそり評価されているかもしれません。その評価がいつか、どこかで実を結ぶかもしれません。

だから、「そんなバカな」というアイデアも、とりあえず実行してみましょう。

失敗も成功も、すべての経験の積み重ねが、人生を面白くしていきます。

まとめ

- **「バカなの？」と思うようなくだらないアイデアや、「さすがにないだろ」という突飛な発想も、1回やってみる価値はマジである**

COLUMN

福原慶匡
×
やしろあずき

ADHDのメンバーと一緒に仕事をすることになったら

福原 慶匡（フクハラ ヨシタダ）
株式会社8million代表取締役社長、プロデューサー。1980年神奈川県生まれ。早稲田大学教育学部卒、iU情報経営イノベーション専門職大学客員教授。大学在学中に歌手・川嶋あいの路上ライブの手伝いから音楽業界で働き始め、シングル「明日への扉」が90万枚超のヒットを記録。その後、『けものフレンズ』『ケムリクサ』等アニメーション作品のプロデュースを手がける。ソーシャルクリエイティブレーベル8million、中国CGスタジオRoot Studioを設立するなど幅広く活躍している

やしろ 福原さんは、クリエイターやアーティストのプロデュースをされていますよね。その中で、ADHDの方と仕事をする機会も多い印象です。今日は、ADHDの人と仕事をするコツについて伺いたいと思います。例えば、遅刻の問題。

福原　正直、遅刻されるとイライラすることはありませんか？　やしろさんも最初会ったときから遅刻することが多かったですよね（笑）。いつもどこかあっけらかんとしていて、でも、悪びれていないわけではなく、**謝り方が上手で空気を壊さない印象でした。**僕自身、遅刻に対して謝罪を求めているわけではなく、必要以上に申し訳なさそうにされても場の雰囲気が悪くなってしまいますから、それが逆にやりやすいなあと思っていました。

やしろ　一緒に仕事をしてきて、最低限ここは直してほしいと思うことはありませんか？　「短所を直すよりも長所を伸ばせ」とよく耳にはするものの、結局、現実的には「最低限ここはちゃんとやろうよ」と言われて会社に居づらくなる人も多いと思うので……。

福原　それは、例えば評価などでは、ほかの人との公平性を考えるうえで減点することはあるかもしれません。でも、それで「もう会社に来なくていい」「一緒にはできない」とはならないかな。プラス部分はプラスしていくのだから。そもそも僕はADHDを優劣の問題として見ていません。足が速い、背が高いといった個性の1つだと思っています。背が高い人と低い人がいたときに、高いところの物を取るなら高い人に頼もうというくらいで。適材適所だと思っているので、やしろさんがクリエイティブを発揮してくれているのを見てすごいなあと思うことはあっても、そのほかの部分で要求しようとは思わないですね。

仕事仲間へのカミングアウトは必要？

やしろ　できないからと切り捨てず、お互いの得意を適材適所ですり合わせしようとしてくれると、とても助かると思います。一方で、ＡＤＨＤ側も、ただ「配慮して」と思うのではなくて、自分の特性を伝えていく必要がありますよね。お互いにわかり合うために、僕たちＡＤＨＤ側も、自分を説明していく必要があるのかなと。そういう意味では、ＡＤＨＤであることをカミングアウトしてもらったほうが、仕事がやりやすくなると思いますか？

福原　これはもう、その人がどうしたいかですよね。カミングアウトしたくない人もいれば、配慮してほしいポイントが明確な人もいますから、僕からどうというのはないです。ただ、僕としては**ＡＤＨＤであること自体のカミングアウ**

トはもしかしたらそこまで必要ないんじゃないかと思う。もちろんカミングアウトしていれば、周りも把握しやすいところはあるかもしれないけれど……。でも、ADHDの特徴にも幅と種類がありますよね。特に僕は素人だから、その人がどうしたいのかは診断名を聞くだけではわからない。そういう意味では、診断それ自体の情報よりも、その人が何が得意で、何が不得意か、何を好きでやりたいのかを共有してくれるとチームのメンバーも前向きに対応しやすいし、仕事に活かしやすい気がします。

協働するための特性の伝え方

福原 ADHDや発達障害はまだ新しい言葉だから、みなで勉強していかなきゃいけないところ。言語化しづらいから、本人も周りもまだ苦労しているけれど……。でも、ADHDの人の特徴って、目立つから言葉にもしやすいと思うんですね。**個性を見つめ直す機会が多いはず。**逆にもっと平均的な能力を持った人のほうが、自分の個性を見つめ直す機会が少ないまま、社会人になっているような気がします。

やしろ 価値って別に絶対値じゃなくて、その場所を移動するだけでも変わるし。

福原 そうそう。短所や長所という言葉を自分でも使っていますけれど、そもそも僕、短所や長所は存在してないと思っているんですよ。**出し方、伝え方だよね。**例えば、短気っていう言葉も、プラスに出た場合は決断力があると言われる。でもこれがマイナスに現れると短気だと言われるわけで。仕事で言うなら、自分の特徴がマイナスに現れるシチュエーションを一つ1つつぶしていく作業が必要だと思うんです。自分が犬アレルギーなのにペットショップで働く人はいないですよね。自分が犬アレルギーだと知らなくても、ペットショップで働いていたらくしゃみが止まらなくなって、原因を探ろうとする。場所が原因だとわかれば、早く変えたほうがいいとなる。

自分を見つけるヒントは短所の中にある!?

やしろ ＡＤＨＤの特性は悪い面が目立ちやすく、自己分析もネガティブになりがちだなと思っていて。自分の強みの見つけ方や伝え方にコツはあると思いますか？

福原 短所って目立ちますよね。でも、先ほどお話ししたように、**短所って長所を探るヒントになる**と思うんです。自分の長所は言えなくても、短所を言える人は多いですよね。短所ってイヤな思い出があるから記憶に残りやすいし。だから僕は一緒に仕事する人にはよく短所を聞きますね。

やしろ 当たり前だと思わないことが大切ですよね。これはお互いにですけど。自分では隠さなきゃいけない短所だと思っていても、意外と長所に変わったりする。

福原 例えば、『けものフレンズ』のアニメをプロデュースしたとき、たつき監督は日中仕事でCGをつくった後に、夜は趣味のCG作品をつくっていました。何時間でもぶっ続けで仕事ができる人だった。僕は机の前で仕事するのが苦手なので信じられませんでしたが、たつき監督は、「でも、福原さんだって、仕事で何人もと打ち合わせした後に、夜友達と飲み行くじゃないですか。僕は人と話すのが苦手だから、あんなに人と話したうえに、さらにまたプライベートでも人と話すなんてできません」と言うんです。

やしろ 自分の得意なことは自然にできるので、それをほかの人もできると思い込んでしまうんですよね。

福原 そうなんです。例えば僕は、エレベーターの到着音で上に行くか下に行くかの方向を判断できることを知らなかった。昔、エレベーターホールで、横に目が見えない方がいらっしゃったんですね。この人ってエレベーターの方向がわからないだろうから、サポートしないとなって思ったんです。でも、その方は僕のサポートなしにサッと目的のエレベーターに乗っていかれました。音で聞き分けていたんですね。当時の僕の恋人が絶対音感のあるピアニストだったのでその話をしたら、「そんなことも知らなかったの？」と言うんです。そして僕が「いつそのことに気がついた？」と聞くと、「え？」って。その人にとっては当たり前すぎて、意識したこともなかったんですね。

やしろ 当たり前すぎることこそ、意識するのが難しい。

福原 難しい作業なんだけど、でもやっぱり自分の特性を理解しようとする作業をやり続けないといけないのだと思う。これは、ＡＤＨＤでもそうでなくても同じですよね。やしろさんは過集中するくらい好きなことに熱中すると言っていましたが、僕は全然集中力がないので。その代わり、打ち合わせがたくさんある日のほうが楽しい。1時間おきとかにいろんな人と喋ってその日が終わるほうがいい。

やしろ オレはどこかで1人じゃないとムリだもんなあ。

福原 そうそう。だから、そんなもんじゃん。映画を観ているだけでも、ストーリーや構成に注目する人がいれば、音楽やカメラワークを見る人もいる。誰もが一人1人意外と違うところを見ているし、**見たいものを持っている**。場所を変えれば価値も変わる。外国に行けば、日本人だというだけで興味を持ってくれる国もある。死ぬまで自分のことがわからないという人もたくさんいて、あのスティーブ・ジョブズでさえ、もっと家族と過ごせばよかったって言っている。人は自分の幸せを見つけるのが一番難しいのだから、まずはそこを見つめれば仕事もうまくいくと思うんです。

やしろ 上司にしろ、仕事上の仲間にしろ、相性のいい人と出会うまでが大変なのかもしれません。でも、「どうせ理解してもらえない」と諦めては前に進めない。福原さんのような考え方をしている人は必ずいるとわかっただけでも、とても心強いです。ありがとうございます。

第3章

「空気を読めない」ズレは常識破りの魅力

「空気が読めない」「ズレている」……、突拍子もない発言や会話の横入りなどをしてしまう。なぜかいつも、一瞬会話の流れを止めてしまいがち……。このような経験はないでしょうか。はい、我々 ADHD 特性を持つ者にとっては、あるあるですよね。けれど僕はこれはADHD特性の中でも特にいい特性だと思っています。だって、これってつまり、見聞きしたものに素直に反応してしまう、自分の思っていることや好きなことを「好き」だと怖がらずに真っ直ぐに言えているということなんですから。

ADHD特性の使い方 20

「空気を読まない」ことで、体験できるミラクルがある

空気が読めないと言われるのは、むしろ才能。リスクもあるけど、ミラクルが起きるときもある。

ＡＤＨＤの知人が、友達の家に遊びに行ったときの話です。手料理をごちそうになったらしいのですが、そこで出されたサラダが美味しく感動したそう。そこで一言、

「草いっぱい食べられて嬉しい！　ウサギになった気分！」

と、彼女なりの賛辞を贈ったところ、その場は一気に凍りつき、以降、家に招待されることはなくなったそうです。彼女は「ご馳走に見えたこと、嬉しかったことをとにかく表したくて……」と供述していました。

「空気が読めない」

ＡＤＨＤの多くの人が、一度は言われたことのある言葉ではないでしょうか。

僕はネットに顔を出しているし、過去に何度か炎上した経験もあるので、最近は意識的に「空気を読む」ようにしています。だから、失言は昔に比べると減少傾向にありますが、それでも「あ、今、何かヤバいこと言った？」みたいなことはしばしば起こります。

直近では、人に連れていってもらった高級寿司店で、「美味いけど、回転寿司と違

いはわからんよなあ」発言をして場を凍らせました。僕としては、わざと一石を投じる意味で、自覚的な発言ではあったわけですが……。

「空気が読めない」とは、**その場の状況や相手の気持ちを察知して、適切な言動をするのが苦手**なことです。特に奥ゆかしさを美徳とする日本では、この文化を重んじる風潮が根強くあって、「阿吽《あうん》の呼吸」とか「背中で語れ」とか、「言わなくてもわかってよ！」みたいなカップルのケンカとか、とにかく「空気を読む」スキルがないと、非常に生きづらい社会が形成されています。

一方でADHDは、目にしたもの、感じたことを、深く考えずにそのまま直球で口にする傾向があります。これ、シンプルに、**子どもの思考回路と似ています。**

ADHDは「精神年齢が実年齢の3分の2程度」と言われることがあります。医学的根拠はないようですが、「空気読まない」は、ちょっとそれを彷彿《ほうふつ》とさせるかもしれません。「お花キレイ！」「おじいちゃんのお口臭い〜」などと見たまま、感じたままの感想を口にする子どものように、美容院帰りの友人に「うわ、変な髪型！」と言ったり、初対面の人に「顔に痣《あざ》があるのって生まれつきですか？」と聞いたりするなど、**自分の立場や相手の気持ちを考慮することなく、直感的に思ったことを伝えてしまう**のです。

当然、相手を傷つけてしまうのは意図するところではありませんので、**発言する前に考える慎重さを身につけるべき**ではあります。

でも、裏を返せば、**子どものような素直さ、裏表のない正直さ**の表れでもあり、ある種の非凡性と捉えることもできます。

実際のところ、「空気読めない」発言は、ときにポジティブな結果に結びつくこともあります。

「言えなかったけど、実は私もそう思っていたんだよね」という予想外の共感性が生まれることもあるし、目上の人から「正直で面白いヤツだ」とかわいがられることも少なくありません。世の中の成功者の多くは「空気を読めない」人で、非凡な発想や発言を貫いたからこそ、成功を収めています。

あと、僕は職業柄、「空気読めない」発言によって生まれる微妙な雰囲気を「ヤバい、おもろい」と感じてしまうクセがあって、**不謹慎な発言をあえて投下する**ことがあります。先ほどの高級寿司店での発言もそうですね。

自爆することもあるのでおススメはできませんが、**たまにミラクルが起こることもあって、それで人間関係が広がったり、仕事のチャンスが生まれたり、めちゃくちゃ面白い出来事に遭遇したりもする。**

それって、「空気読まない」人だけが体験できる特権かもしれません。

ただ、**バランスは超大事。**

思ったことを何でもかんでも口にしていたら、人生破滅する。特にSNS大航海時代の今、一度の失言が取り返しのつかない事態を招くこともザラにあります。

それでも、「空気読めないから」と押し黙っているよりは、思ったことを素直に発言するほうがいいと、僕は思います。

そもそも、他人がどう思うかを正確に的中させるのは絶対に不可能です。そういう意味で、**自分では「空気を読める」と思っている人でさえも、本当に読めているとは限りません。**「空気読む」って、実は思っているより、めちゃくちゃ高度なテクニックだと思うんですよね。

だとしたら、そこに一喜一憂するよりも、失敗を承知で、自由に発言してみるのもアリ。キャラクターとして認められれば、より一歩踏み込んだ発言もしやすくなる。

素直さを武器に「イヤなことにＮＯ」と言いやすくもなっていく。

リスクもあるけど、**あえて「空気を読まない」人のままでいることで見える景色、体験できるミラクル**も、きっとあるはずだから。

まとめ

- **空気を読まない発言がきっかけで、たまにミラクルが起こることも。人間関係が広がったり、仕事のチャンスが生まれたり、面白い出来事に遭遇したりもする**
- **キャラクターとして認められれば、より一歩踏み込んだ発言もしやすくなる**

ADHD特性の使い方 21

マシンガントークを武器に、人の心を動かす

あれもこれも話したい、1人で喋りすぎてしまう。遠慮することはありません。**この強靭なトーク力は、人を巻き込む力になります。「喋りすぎ」は立派な才能**の１つです。

自分で言うのもなんですが、僕は結構コミュニケーション強者です。初対面の人でも気楽に雑談できるし、配信をやれば1人で延々と喋っていられる。大勢の前でもあまり緊張しないいし、仕事関係の人と、ガチなテンションでビジネスの話もできる。

でもこれは正直、大人になって、さまざまな努力と学びを経て手に入れた能力です。そう、僕もかつてはコミュ障でした。それも、「**話し出したら止まらない**」という問題を抱えていました。

ＡＤＨＤの人で、僕のように「喋りすぎ」タイプで悩んでいる人は多いはずです。会話がキャッチボールだとしたら、**投げられた1個のボールを100個にして返すイメージ**。しかもその100個が、一方向じゃなくいろいろな方向に飛んでいく。ときには相手のボールを奪ってでも自分のターンにしてしまう。

マシンガントーク型ＡＤＨＤって、会話が大体こんな感じだと思います。

ＡＤＨＤが喋りすぎる理由の1つは、頭の中に次から次へと新しい話題が浮かんでくるから。

第1章で「**ADHDは常に思考がフル回転している**」という話をしましたが、誰かと会話しているときも、脳がまさにこの状態。

相手に「この前、温泉行ったんだよね」と言われたら、「オレも先週熱海行った!」「そこのプリンがめちゃくちゃ美味くてさー」「プリンっていえば渋谷の夜パフェがバズってるらしい」「夜パフェってどこ発祥?」……みたいな感じで、話題が湯水のように湧き出てしまうんですよね。

もう1つの理由としては、**好きなことへの熱量がハンパない**から。

オタクの早口をイメージしてください。あれです。

僕は小さい頃からこの傾向が強くて、自分の好きなゲームやアニメの魅力を誰かに伝えたくてたまりませんでした。その熱量がすごすぎるあまりに、小学生や中学生の頃は、「何だこいつ」という変な目で見られ、周囲から浮いていたことは否めません。

ところが一転、大人になってからは、**「喋りすぎ」はめちゃくちゃ強い武器**になりました。

好きなことを言語化する能力は、誰にでもあるわけではありません。

これは使いようによっては、大きな強みになります。

例えば僕の場合、自分が興味を持ったものやハマったものを周囲の人にプレゼンしたところ、それが伝染してコミュニティにまで発展した経験が何度かあります。

起業を目指す人物に人が集まるのも同じ理屈で、**「これが好き」という熱量は、人の心を動かし、巻き込む力がある**んです。

ちなみに、多くの仲間に恵まれた人気漫画『ワンピース』の主人公ルフィは、精神科医目線で見るとADHDだそうです（須田史朗・小林聡幸『キャラクターが来る精神科外来』金原出版）。たしかに性格は楽観的で自由奔放。面白そうだと思えばすぐに行動するルフィは、とっても魅力的で目が離せないキャラクターです。

思考がフル回転しすぎて話題がころころ変わるのも、アイデアを求められる環境では重宝されます。僕は漫画家なのでメリットしかありませんし、クリエイティブな職場では特に、その発想の豊かさを仕事に活用できるシーンがたくさんあります。

加えて、少なくとも**「喋る」スキルがあることは、人間関係の構築において大きなアドバンテージになる**と思っています。

例えば初対面の人と接するときは、探り探り無難なことを話すよりも、「自分はこういう人間です」と好き勝手に話したほうが印象に残りやすい。

自己開示がてら話し続けたほうが、実は相手も警戒心を解いてくれて、距離が早く縮まるケースが多いような気がします。

「人の話を聞きなさい」と聞き手役に徹することを重視する自己啓発本も多いですが、「喋る」の魅力を封じる必要はないと思うのです。

協調性を求められる日本では、喋りすぎて空気を読めないような子どもは「変なヤツ」認定されることもしばしば。僕がまさにそうでしたし、それで自信をなくした人もいるかもしれません。

でも安心してください。不思議なことに、大人になれば、マシンガントークは「面白いヤツ」「仕事ができるヤツ」として評価されることも多いです。

だから僕はあえて、「喋りすぎ」を改善するのではなく、**強みにするという思考に**

シフトすることをおススメします。

例えば、営業職やクリエイターなど、そういう力を発揮できる仕事を目指すとか、「好き」を発信するコミュニティに参加したり、なんなら自分でつくってみちゃうとか。見方を変えれば、**「喋りすぎ」は立派な才能**の1つなんです。

まあそうは言っても、**最低限の会話のマナー**は守らなければいけません。「ADHD特性の使い方11」でお伝えしたように、「演技」として喋るのはおススメです。

本項の冒頭で軽くお伝えした通り、僕もそれなりの努力を重ねて、コミュ強の今があります。会話はターン制であることを心得るとか、「否定」のマシンガントークをしないとか。その辺りの小技的な話は、後に詳しくお話ししましょう。

まとめ

- **「喋る」スキルは、人間関係の構築において大きなアドバンテージになる**

ADHD特性の使い方 22

「これ言って大丈夫か？」と一呼吸置く

小手先のテクニックはたくさんある。けれど、コミュニケーションは、結局は実践しかないと僕は思っています。特に、**相手を傷つける発言やネガティブな話題、自己中心的すぎる立ち回りなどは絶対にNG。**

「喋りすぎ」も「空気読めない」も、ある種の才能。

せっかく人と違う特性があるんだから、封印するんじゃなくて、「どう活かすか？」という発想にシフトしたほうがいい。

と、前項でお伝えしました。

一方で、気をつけなければいけないのが、そのバランスです。

自分のそうした特性を尊重しつつも、ある程度は客観視しながらコミュニケートしないと、相手に不快な思いをさせてしまいます。

特にやりがちなのが、**相手を傷つける発言やネガティブな話題、自己中心的すぎる立ち回り**など。

そこで、会話をするときは、常に以下の3つを意識してみてください。

- **発言する前に「相手がどう思うか？」を考える間をつくる**
- **会話はターン制**
- **相手の話を広げることを意識する**

例えば、相手の髪型を見て「変！」と思っても、それを真っ直ぐ口にするのではなく、まずは**「これ言って大丈夫か？」と一呼吸置く**クセをつけましょう。瞬発的に思ったことを口にしてしまうADHDにとっては至難の業ですが、できなくても、そういう意識を頭に置いておくことが大事。超大事。

会話はターン制。これもちゃんと守る。基本的に、会話って順番なんです。いや、立候補制でもあるんだけど、**相手の話を遮ってまで自分の話をするのは絶対にNG**。特に初対面の人とは、相手が話し始めたら、インタビュアーになったつもりでいろいろと質問を投げかけてみましょう。

このほかにも、「会話のテクニック」はググれば腐るほど出てきます。でもぶっちゃけ、ここに挙げたものも含め、読んで「なるほど、そうしよう！」と思っているだけでは絶対に会得不可能です。むしろ頭にあれこれ詰め込むほど、ロジックにがんじがらめになって、うまく会話ができなくなるという沼にハマることも。

会話スキルを上げるコツは、実践のみ。不特定多数の人と話しまくって、その感覚をつかむしかありません。**頭じゃなく、体に覚えさせる**んです。

話し相手としては、家族や友人よりも、もう少し距離のある人がベスト。友達の友達や、社会人サークルでたまに会う人、バイト先の先輩。ネトゲで顔も知らない人とオンライン通話してもいい。あるいは、コンカフェやキャバクラに行って、初対面の人（しかも会話のプロ）と壁打ちするのもめっちゃアリです。

変なことを言って場をしらけさせても大丈夫。死にはしない。むしろトライアンドエラーを繰り返すことによって、**「こう言ったらこんな雰囲気になるんだ」というパターンが蓄積される**ことがでかい。その場数と経験値こそが、人と対話するときの自信となって、キミを助けてくれるはずです。

まとめ

- **まずは「これ言って大丈夫か？」と一呼吸置くクセをつけよう**
- **会話スキルを上げるコツは、実践のみ。頭じゃなく、体に覚えさせる**

ADHD特性の使い方 23

安請け合いを減らす！ NOと言えないときの「保留」スキル

空気は読めないのに、平和主義で相手の顔色をうかがいがち。NOと言えずに、すぐ「できます」って言っちゃうこともしばしば。ですが、それで苦しむのは自分！　**NOと言えないなら、受けず断らずの「保留」スキルを身につけましょう。**

できもしない仕事に「できます！」と勢いよく返事して、後悔した経験はありませんか？　僕はめちゃくちゃあります。

思い起こせば高校生の頃、文化祭の出し物のリーダー役を「任せろ！」と安請け合いしたばかりに、本番の1週間前まで何も手をつけずにいたことがバレたときには、クラスのみんなからフルボッコにされました。

なんで「任せろ」なんて言っちゃったんだろう……と深く反省したのも束の間、大人になっても「できます」「任せてください」で失敗を重ねる日々を送っています。

すぐに安請け合いしてしまう理由は、2つあると思います。

1つは、相手に嫌われたくないから。**「できません」と言って相手がイヤな顔をする、その空気に耐えられない。**行きたくない飲み会を断れなかったり、気が進まないエステの契約にサインしてしまったりするのも、こういう心理がありますよね。

空気を読めない発言をしがちなADHDですが、同時に、ピリピリした雰囲気が苦手で、平和主義なところもあります。そういう意味では、空気を壊したいわけではなく、むしろ空気には敏感であったりするのです。

２つ目は、できるかできないかを考えるのが面倒くさいから。僕は完全にこれで、ＡＤＨＤに多いタイプだと思います。例えば、仕事で「〇日が納期でいけますか？」と聞かれたときに、**ほかの予定との兼ね合いを調整するのがめっちゃ面倒くさい**。もう、それについて相手と話し合う、その時間すらもうっとうしい。「繁忙期だからちょっと厳しいかも」とうっすら思っていても、それを確認するのが面倒なあまり、とりあえず「いけます」とノリで即答してしまうんですよね。「ノリ即答→パンクして後悔」は、もはやＡＤＨＤの様式美と言ってもいいでしょう。

この回避方法はめちゃくちゃ簡単です。まず、返事をする前に保留するクセをつけること。**「できます」ではなく、「ちょっと考えたいので、後でお返事します」と返し、考える猶予を設ける。**この一言が、確実に未来の自分を救います。

ただし、「後でお返事」を忘れる可能性が高いＡＤＨＤにとっては、諸刃の剣的な回避方法でもあります。保留にしたらすぐに脳内会議を開いて、できるかできないかのジャッジを下し、なる早で相手に伝えることが重要です。

ここがややハードルの高い作業ではありますが、「できます」と即答して後で地獄を見るよりは大分マシなはず。すぐにジャッジできない場合は、忘れないように、**予定に組み込んだり付箋《ふせん》を貼っておくなどの対策**を心がけましょう。

「できない」と判断した場合、相手に気を遣わず、堂々と断ってください。**断ったところで、相手はさほど気にしません。**

基本的には、他人は自分のことで精一杯です。キミが飲み会に来なくても、お願いごとを断られても、次の日にはおおかた忘れています。

むしろ、実現不可能なことを引き受けて達成できなかった場合、結果的に相手を裏切ることになります。それよりは、**事前にきちんと「できません」の意思を伝えたほうが、長期での信頼関係を築きやすいことを心得ておきましょう。**

まとめ

- **「できます」ではなく、「ちょっと考えたいので、後でお返事します」と返し、考える猶予を設ける**

ADHD特性の使い方 24

スマホはバキバキ、頭はプリンの最低限ごまかす身のこなし

お前のスマホどっかで爆撃されたん？
いや、まだ見れるしいいかなって…

スマホの画面がいつもバキバキ、髪もぼさぼさ。見た目に気を遣えないし、「別にスマホが割れててもよくね？」と思っている。でも、**総合的に考えると、結構損することが多いです。**ここでは、見られている意識と最低限のライフハックをご紹介します。

少し前から、「風呂キャン」という言葉をよく耳にするようになりました。「風呂キャンセル界隈《かいわい》」、つまり、お風呂に入らないことや、入らない人たちのことです。ただの面倒くさがりからメンタル不調まで原因はさまざまなようですが、ADHDもひょっとしたら、風呂キャン界隈に当てはまる人が多いかもしれません。

お風呂に限らず、ADHDには、**見た目や身の回りのことに無頓着**という特性を持つ人がいます。

僕の周りのADHDの人たちも、「常にスマホの画面がバキバキ」「服のことまで気が回らないから同じ服を10着以上持っていて、それを着回している」「風呂嫌いだし歯磨きも嫌い」の割合が圧倒的に多いです。

僕に関しては、服やお風呂は好きなのですが、スマホのバキバキ率は確かに高いです。注意散漫なので壊しやすく、先延ばし癖で一生修理できない、というのが原因でしょう。

ADHDのこうした特性は、先述した**「空気を読めない」現象の1つ**でしょう。

スマホがバキバキでも毎日同じ服でも、本人は全く気にしないし、ときにはそれが心地よいとすら思っている。

でも、周囲の多くの人は、そんな振る舞いを見て「ウソだろ」と感じています。

この**「ウソだろ」の感覚をADHDは理解できず、また、そう思われていることにも気づけないことも多いのです。**

実際に、昔、知人の結婚式に参加したとき、僕を含めたADHDの友人全員が、礼装ではなく完全な私服で来ていたことがありました。

僕たちからすれば「別にスーツじゃなくてもいいだろ」くらいのノリだったのですが（中には礼装を知らないヤツもいた）、周りの人からはギョッとされました。

自分たちの許容範囲と世間の認識が、著しくズレているんですね。

「害はないからいいじゃん」「その労力、本質的に意味ある？」という意見もありますが、**総合的に考えると、結構損することが多い**です。

スマホの画面が割れていれば「だらしなさそう。あまり仕事を頼みたくないな」という印象を与えてしまうかもしれないし、TPOに合わない装いは「常識がないのかな、なんか怖いかも」と敬遠されてしまうかも。

「いや、個性だし！」と貫くメンタルの強さがあれば「よし、いけ！」と言いますが、何となく……でその状態なら改善する余地があるかもしれません。

とはいえ、リアルな話、具体的で効果的な改善方法ってあんまりないんですよね。これに関してはすまん。心がけるしかないと思う。

風呂は入ろう。スマホの画面が割れたらなるべく早く直そう。冠婚葬祭やエラい人と会うときはスーツを着よう。清潔を保とう。髪色はプリンにするな。以上。

ただしこれらは、しんどければムリに実践する必要はありません。

重要なのは、**自分が気にしていなくても、他人は結構びっくりしているかも、という意識を持つこと**です。

当たり前のことができない、世間の「当たり前」がわからないADHDにとって、このメタ認知ができるかできないかで、日々の行動が少しずつ変わってくるのではないかと思います。

「当たり前」を完璧に実践しなくても、**最低限をこなしていく**という方法もあります。例えば、お風呂に入るのがどうしても苦痛なら、人に会う直前にだけ入る。人と会う予定がないならムリに入る必要はないし、髪は放置でもせめて体と顔だけは洗うなど。

洋服は、いざというときのジャケットを1着だけ持っておく。あとはユニクロで同じ服を色違いで何枚も買って、手グセで着回せるようにしておく。

洗濯が面倒、すぐこぼして服を汚してしまいがちな人は、黒などのダークカラーで汚れが目立たない服を選ぶようにする。毛玉になりやすいニット素材は避ける。

髪色を変えるときは、プリンが目立たないカラーにするか、いっそ髪色はいじらない。そもそも、長期スパンで美容院に行かなくてもすむような髪型にする。

靴を磨く、バッグをクリーニングに出すなど「メンテナンスの日」を定期的につくる（1年に1回でもいい）。

スマホは最初から画面を割るリスクを減らす。手持ちだと落としやすいから、肩掛けのケースに入れるなど。これなら失くしづらいし、一石二鳥だ！

繰り返しますが、これらを実践する前に、マナーとして「**他人からどう見られているか**」に少しでも意識を向けることが大切です。

まとめ

- **自分が気にしていなくても、他人は結構びっくりしているかも**
- **マナーとして、「当たり前」を完璧に実践しなくても、最低限をこなしていく**

ADHD特性の使い方 25

間違った“思い込み”を避ける！確認の会話法

「あれ、いい感じにやっておいて」って、「どれ」を「どんな感じ」にやるの？　情報が圧倒的に少ない！　でも、確認するのも面倒くさい……。そう、コミュニケーションは面倒くささとの闘いです。**自分の思い込みで進めると、たいていの場合でトラブルになるので要注意。**

サラリーマン時代に、会社の人との曖昧なやりとりに困ることが多々ありました。

「この前メールした件って、あの人に確認してくれた？」

これを言われてまず頭に浮かぶのは、「**この前っていつ？　どの件？　あの人って誰？**」というさまざまな疑問です。

で、次の瞬間、「あー！　多分あのことだな」と理解して、「確認しました！」と元気よく返事する。結果、全然見当違いの解釈をしていて、後でめちゃくちゃ怒られるということがよく起こりました。

ADHDは抽象的な情報把握が苦手です。

「あの件」「あの書類」「いつもの」「いい感じに」「適当に」「ざっくりで」「早めに」「○曜日中に」……。

こういうの、具体的にどの件？　どのくらい？　何時何分まで⁉　ってなるんですよね。

さらに悪いのが、「**こういうことだよな**」**と自分で勝手に解釈して、確認せずに進**

めてしまうこと。

これは、確認することへの面倒くささや、相手に質問するのが怖いという心理、それに加え、**極端な思い込み**が発動するケースがあります。

ADHDって、**思い込みの生き物**だと思っています。

「待ち合わせ14時だったよな」「あの書類、机に置いたはず」「メール返したよな」「さすがに遅刻しないだろ」「締め切り来週って言ってたな」「あれってこういうことだよな」という思い込みに、謎の確信を持ったまま動いてしまう。

この手の話をしていて僕が必ず思い出すのが、「**映画館で他人の飯食べまくり事件**」です。

あれは高校生の頃。1人で映画館にホラー映画を観に行ったときの話です。

僕は頻尿なので、基本的に映画館で飲み物や食べ物を買いません。でもそのときは上映中に妙にお腹がすいてしまい、ふと肘掛けのところを見ると、コーラとポップコーンがあるではありませんか。

「うわ、オレ今日飲み物とか買ってたんじゃん。よかった〜」

と、**隣の席の全然知らないおっさんのものを、勢いよく飲みまくり、食べまくってしまった**のです。

上映後におっさんに声をかけられて死ぬほど謝ったのですが、「ホラー映画より怖かったです」と言われました。

そりゃそうだわ。僕も自分の思い込み脳がめちゃくちゃ怖かったわ。

こうした思い込みでトラブルを招かないようにするために、「脳内に右京さんを飼って、常に疑ってかかれ」ということはすでにお伝えしました。

人とのコミュニケーションにおいては、**少しでも曖昧な部分があれば、必ず確認することを習慣づけてください。**

例えば、

「あの件って、その後メールしてくれた？」

↓「〇×社に、見積もりの確認をメールする件ですよね？」

「締め切りは金曜日中でお願いします」

↓「金曜日中は、金曜日の何時までですか？　日が変わる0時までですか？　週明けの月曜日朝一までってことですか？」

「あの資料、なる早で仕上げてほしいんだよね」

↓「来週の会議の資料ですよね。具体的にいつまでに仕上げればいいですか？」

……といった具合です。

なんかいちいち面倒くせえヤツだな〜と思いましたか？

かまわん。**確認せずに単独発進して、後からトラブルになるよりは全然マシ**なのだから。相手が何を言っているか全くわからない場合は、「すみません、どの件のことか教えていただけますか」と直球で聞いてもいいでしょう。

とにかく、不確定な要素が少しでもある状態で、勝手に進めるのだけは絶対にやめたほうがいい。高確率でトラブります。

質問すると怒られそうで怖い。そう感じる人も、勇気を出して聞いてみましょう。そもそも、仕事でのコミュニケーションにおいて、曖昧な表現をするほうが悪いんです。**そこをクリアにする問いかけは、間違っていることでも何でもない。むしろ正しい。**

もし「言わなくてもわかるだろ！」と怒られた場合は、逆に「言語化できない人なんだな」と心で慰めてあげるくらいの余裕で生きていきましょう。

まとめ

- **抽象的なやりとりはそのままにせず、必ず相手に確認をとる**
- **勝手な思い込みで単独発進しない。さもなければ高確率でトラブる**

ADHD特性の使い方 26

遅刻は最後まで言い訳厳禁。開き直るな。対策し続けよ

出かける3時間前に起きて
準備も1時間かけてして
電車の時間も何度も調べたのに
普通に遅刻した

ADHDがとことん苦手なもの。時間管理。遅刻が直らないのはほぼ全ADHDにとって共通の悩みなのではないでしょうか。けれど、**「もうこれってしょうがないよね」と開き直ってはいけません。**最後まで諦めずに対策し続けましょう。

ＡＤＨＤの**遅刻癖**は有名です。僕も今までの人生において数々の遅刻をぶちかまし、今ではすっかり謝罪のプロになりました。少し前に、全員ＡＤＨＤメンバーで旅行に出かけたのですが、待ち合わせ場所には当たり前のように誰一人として現れず。数時間後にやっと全員揃《そろ》ったと思ったら、免許持ちのメンバーが全員免許を家に忘れて、その日は解散になったというつらい思い出があります。あの旅行は終始ヤバかった……漫画にしているので、興味がある方はぜひご覧ください。

普通の人からしたら、**「何度も注意しているのに、なぜ遅刻するの？」**と疑問に思うでしょう。そこでまず、僕が思うＡＤＨＤの遅刻のメカニズムを解説します。

まず圧倒的に言えるのが、ＡＤＨＤは、**準備から出かけるまでの時間のかけ方が人とズレている**ということです。

例えば、普通の人と一緒に出かける準備をすると、準備の手間はほぼ同じはずなのに、僕は相手の何倍も時間がかかってしまいます。それは、途中の寄り道がハンパないから。移動中に読む漫画を選んでいたはずが、気づいたら漫画に没頭している。乗り換え案内アプリを起動させるつもりがネットサーフィンを始めてしまう。洋服を出すついでにクローゼットの整理をし出す。**無意識にほかの作業に手をつけ、それに没頭してしまう**傾向があるのです。

で、準備が終わった後も大変です。**絶対に何かしら忘れてる。**家を出る瞬間に「ヤバい、あれ忘れた」となり、それを探す作業に入ります。見つけたと思ったら、さっきまで握りしめていたスマホがない。出ようと思って玄関にちょっと置いていたはずの家の鍵がない。いくら入念に出かける準備をしたつもりでも、**ＡＤＨＤの「準備ＯＫ」は、新たな闘いの始まり**なんです。

遅刻をしてしまうもう1つの理由は、**時間の見積もりが甘い**ことです。ＡＤＨＤは時間の感覚が独特と言われます。予定管理が苦手だったり、未来のことがうまくイメージできなかったりしますが、時間の見積もりが甘いのもこうした特性の一環だと思われます。例えば、普通の人なら、「11時に待ち合わせだから、10時半に家を出よう。ってことは、9時に起きれば余裕を持って準備できるな」という流れをイメージすることができますよね。ＡＤＨＤの場合は、「11時に待ち合わせか。ダッシュで行けば15分くらいで着くよな？　準備なんて30分でできるから、うーん、ざっくり10時半起きくらいか？」という感じで、**すべて間違ってるんですよね**。

まあこれは、ＡＤＨＤというより僕の脳の問題かもしれません。

遅刻の対策法は、調べるといろいろ出てきます。前日に準備をしておく、作業を区切ってアラームを設定する、持ち物リストをつくる……などなど。でも正直なところ、面倒くさがりのＡＤＨＤはどれも続かないでしょう。現に僕がそうでした。しかしご安心ください。こんな僕でも簡単に実践でき、爆発的に効果があった遅刻防止策をご紹介します。

それは、**待ち合わせ時間の1～2時間前に到着し、飯を食う。**これです。

おそらく多くのＡＤＨＤは、待ち合わせ時間ちょうどに到着するという芸当が苦手なんじゃないかと思います。いつだって、０か１００。**遅刻するか、稀に準備しすぎて早く着きすぎるかの二択**です。

後者の部分を利用して、待ち合わせ以外の目的をつくり、あえてめちゃくちゃ早く着くように設定するんです。僕は食べることが好きなので、事前に現地の名店を調べて、気になるお店に行くようにしています。別に飲食店じゃなくても、面白そうな書店や洋服屋、行ってみたい公園など、興味のアンテナに引っかかるもので構いません。でもちゃんと、**それをルール化すること。**これならモチベーションも上がるし、ワクワクした気持ちで遅刻を防止できます。

直接の解決方法にはなりませんが、他者の手を借りる方法もあります。例えば、僕は一時期、**よく会う人たちとＧＰＳでお互いの位置情報を共有**していました。だからといって遅刻は減りませんでしたが、相手は「うわ、時間なのにやしろまだ家にいるわ。今日は帰ろ」となり、無駄な労力を減らせます（ストレスは増えます）。でもこれは結局、本当にヤバいときには位置情報をオフにするという最悪の逃げ道がつくれてしまうので、あまりおススメはしません。

また、相手に電話やLINEなどでリマインドしてもらう手もありますが、結局甘えて遅刻するという悪循環を招くことにもなりかねません。いろいろ試した結果、**「めちゃくちゃ早く着いて好きなことをする」**が一番効果があり、楽しく取り組めるという結論に至りました。

いろいろと言いましたが、結局のところ、**「最後まで言い訳しない」「遅刻を開き直らない」「対策を諦めない」が一番大事だと思います。**

遅刻については、本当に人間関係と信頼関係に関わるので……。

まとめ

- **「待ち合わせ時間の1〜2時間前に到着し、飯を食う」は効果的**
- **最後まで言い訳しない。遅刻を開き直らない。対策を諦めない**

ADHD特性の使い方 27

寝坊対策。目覚ましスヌーズ機能は全部手動で設定せよ

真剣に寝坊に悩んでいる。二度寝、三度寝は当たり前……。頼りの綱の目覚ましもなぜか鳴らなかったりして、朝から「どうして!?」の連発です。そんなお寝坊さんなあなたは、**まずはスヌーズを使うのをやめる**ことから始めてみましょう。

準備が遅い、時間の見積もりが甘いことのほかに、遅刻の原因に寝坊を挙げる人も多いでしょう。生活リズムが乱れやすいＡＤＨＤはどうしても夜型になりがちで、起きるのが苦手な傾向にあります。

深刻な睡眠障害を併発している場合は、なるべく早く医師に相談するようにしましょう。ここでは、単純に怠け者ベースで寝坊が直らない人のための、僕なりの対策方法をご紹介します。

まず、**スヌーズを信用するな。**これ、寝坊防止の格言にしたほうがいいです。スヌーズで起きたためしがない。あいつらはマジで信じちゃいけない。

スヌーズの致命的な欠点は、**「何度もリマインドしてくれる」という安心感を誘っておきながら、ワンタッチであっさりと設定が解除されてしまう**点です。

寝ぼけまなこで無意識に解除して、「1回しか鳴らなかったんだが!?」とブチ切れたことは数知れず。寝坊したくなかったら、まずは脱・スヌーズから始めよう。

じゃあどうするか。**面倒でも、全部手動でアラームを設定しましょう。**

分刻みに、最低5回は鳴らすようにする。アナログでバカっぽいかもしれませんが、結局これが一番効果があって、信頼できるやり方でした。

ご参考までにADHDあるある的な、僕のアラーム設定画面を貼っておきます（名前は、つけてもつけなくてもどちらでもいいです）。

それでも起きられないという人のために、とっておきの秘策を紹介します。

それは、Xでヤバいツイートを、起きる時間の少し後に予約投稿するというもの。

名づけて「**予約投稿爆弾**」です。

例えば、昔書いた恥ずかしいポエムのスクショや、めちゃくちゃスベってるドヤツイート、好きな人の名前、ここには書けない過激発言などの投稿を予約して、起きて止めないと、それが全世界に発信される装置をつくるんです。これは本当に効きました。

確実に起きたもん。

起きないと人生終わるから。

万が一が怖すぎて眠れなくなるかもしれないので、マジで本当に、死んでも寝坊できない日に限ってやってみましょう。


ここまで遅刻に関してお話ししてきましたが、最後にお伝えしたいのは、**「遅刻しそう」と思った瞬間に、相手に連絡するのを怠らない**ことです。

遅刻するかもとうっすら思っていても、ほぼ0％の間に合う可能性に賭けて、あえて相手に連絡しないことってありませんか？　僕はありました。

あと単純に、相手が怒るかもしれないという恐怖心もありました。

でも、断言します。ちょっとでも遅れる可能性が出てきたら、まずは一報「すみません、遅れます」と先打ちすることが超大事。

それだけで相手のストレスは多少軽減されるし、自分の心も軽くなります。

さらに、いざ寝坊したときに、「ＡＤＨＤだから仕方ない」と開き直るのはやめるべきです。

寝坊や遅刻に限らず、あらゆることを思考停止で「ADHDだから」と片付けてしまうのは、周囲に不快感を与えるだけでなく、自分にとっても危険です。

努力をしたうえで「これはできない」と割り切るのは前に進むために必要なことですが、**「ADHDだから仕方ない」と開き直るのは、むしろ自分に罪悪感を積み重ねる**ことにもつながってしまうからです。

微妙なニュアンスの違いですが、僕は大事なことだと思っています。

まとめ

- **スヌーズは信用しない。面倒でも、全部手動でアラームを設定**
- **起きる時間の少し後に予約投稿。名づけて「予約投稿爆弾」**
- **「遅刻しそう」と思った瞬間に、相手に連絡するのを怠らない**

ADHD特性の使い方 28

全力でやりきる「謝罪の儀式」のススメ

「ごめんなさい」がうまく言えない人は、謝罪は儀式だと思いましょう。「謝らないと、でもどうしよう」と悩むのは時間がもったいない。**むしろ考えないといけないのは謝罪の後のリカバリー**なので、その後の行動にカロリーを使いましょう！

ここまでの話でわかる通り、ＡＤＨＤはその特性上、人に怒られたり迷惑をかけたりして、謝る機会が多いです。

僕ももちろん、たび重なる仕事のミス、遅刻、失くし物、空気読めない発言などでいろいろな人に謝り倒し、今ではすっかり謝罪のプロになりました。

一方で、「**謝るのが苦手**」というＡＤＨＤの人も、少なからず存在します。

自分の尺度で生きているので、単純に相手がなぜ怒っているのかわからない人。指摘されたことに対して、謝罪よりもまず言い訳が先に来る人。何となく謝るのがイヤで、先延ばしを永遠に続けている人。平和主義者で、謝るときの独特のピリッとした空気に耐えられない人……。

人によって理由はさまざまですが、おおむね気持ちは理解できます。

僕の場合、相手がミスをしようが遅刻をしようが、「そんなもんだろ」という感じで何とも思わないんですよね。だって自分もそうだから。

誰かに怒るということがあまりないので、相手がなぜ怒っているのか理解できないこともあって。だから昔は「謝る」ことの意味がわからず、余計に相手を怒らせることがたびたびありました。

35年生きてきた今、１つの答えが出ました。

謝罪は儀式だ、と。

雨乞いの儀式ってあるじゃないですか。旱魃《かんばつ》が続いた際に、雨を降らせるよう神様に祈るアレです。

現実的なことを言えば、雨乞いをしなくても雨は降るし、降らないときは降らないですよね。でも、あの儀式をすることによって、**「やれることはやった」という納得感が生まれる**。雨を降らせるのに必要ないけど、みんなの納得感のためには必要。

それが、雨乞いという儀式だと思います。

謝罪もこれと全く同じです。

謝る行為自体には、何の意味もありません。

謝っても自分のミスは消えないし、今後改善される保証もない。でも、怒っている相手の納得感のために、「反省してます」という姿勢を見せることは大切です。

相手にとっても、謝られる時間というのはイヤなものです。

あんまり怒る立場に立ったことがないからわからないけど、「もういいから、早くこの時間を終わらせようぜ」とうっすら思ってるんじゃないでしょうか。

相手にとっても自分にとっても、今起きている問題の落としどころとしての「謝罪」が求められているだけであって、決して本質的な行為ではないのです。

だから、「謝るのが苦手」「謝る理由がわからない」と感じている人も、**まずは何も考えずに謝ってみましょう**。言い訳はいらない。プライドとかも関係ない。つべこべ言わずに、一度頭を下げてみる。

なぜなら、謝罪はあくまで形式上の儀式だから。

怒っている相手と一緒に雨乞いをやっていると思えばいいんです。

ただし、反省はしっかりとしましょう。同じことを繰り返さないためにも、対策は

し続けるんです。

謝罪という行為それ自体に意味がないだけで、やってしまったミスに対しては、**何が悪かったか、どう防げるかという内省と、今後のアクションにつなげる行動力は絶対に必要**です。

僕はむしろ、謝罪ではなく、このリカバリー部分にカロリーを使うべきだと思っています。

全部「雨乞いだわ」と思っていれば必要以上にメンタルを持っていかれることもないし、気持ちを切り替えてその後の行動に注力できるんじゃないでしょうか。

はい。ページが余ったので、僕が今までにしたベスト謝罪の話をします。

台湾で、ちょっと大人の店に行ったときの話です。

一通り楽しんでお会計をしようと思ったら、財布がないんです。あろうことか、ホテルに財布を置いてきてしまったんですね。

顔面蒼白になりながらそのことを伝えると、奥からボブ・サップ並みの強靭な体格をした台湾人が出てきました。もうね、間違いなく台湾マフィア。「あ、殺されるわ」と、このときばかりは死を覚悟して、全力で謝りました。

「財布、ホテルにあるから！　取りに行って絶対に戻ってくるから！　信じて！　アイハブ侍ソウル!!」

そう言いながら、ボブ・サップに過去一の勢いで許しを乞い、ホテルに財布を取りに行って、無事会計できました。

これが、僕が今までの人生で一番真剣に謝ったときのエピソードです。

まとめ

- **「やれることはやった」という納得感を双方が持つためにも、「雨乞いの儀式」のつもりで全力で謝罪せよ**
- **反省はしっかりとしよう。繰り返さないための対策をし続けよう**

ADHD特性の使い方 29

説明義務を果たす。言い訳にしないADHD事情の伝え方

遅刻はなぜ相手を不快にさせるのでしょうか。「自分だけ雑に扱われている」という気持ちが生まれるのも理由の1つでしょう。このとき、**「相手が誰であろうと、平等に遅刻してしまうこと」「対策しているがそれでも失敗してしまったこと」を誠心誠意相手に伝える必要があります。**相手のために説明義務を果たすのが、多様性社会の共存の基本です。

みなさんは、大人になってうんこを漏らしたことがありますか？

急にすみません。本を閉じないでください。ふざけているわけじゃないんです。

「ＡＤＨＤって忘れっぽいけど、うんこも忘れるんですか？」と聞かれたことがあり、生理現象なのでさすがに忘れることはありませんが、もよおしていても**「面倒だから後でいいや」**と後回しにしがちなせいで、大人になって漏らしかけたことが何度もあります。だからもしかしたら、ＡＤＨＤは普通の人より漏らしやすいと言えるかもしれません（本当に、本当に個人的見解です）。


何が言いたいかというと、**後回しをはじめとするＡＤＨＤのさまざまな特性は、すべてにおいて、平等に表れる**ということです。


例えば、遅刻を何度も繰り返すと、「私のこと舐《な》めてる？」「相手が大事な人なら遅刻なんてしないんでしょ？」と言われることがあります。

誓って言います。**相手が誰であろうと、平等に遅刻します。**

自分の母親であろうと取引先の重役であろうと、すべての人に同じように遅刻をぶ

ちかましま す。

うんこという超重要事項でさえ後回しにするくらいなので、いかなる相手でも、いかなるシチュエーションにおいても、ADHD特性というものは無慈悲に発動してしまうものなのです。

ここでADHDの人がしっかりと認識しておかなければならないのが、そんな事実も、**相手にとっては「知らんがな」状態**であるということです。

遅刻が重なれば「自分だけ雑に扱われている」と腹が立つし、LINEの返事がなければ「嫌われたかも……」と不安になる。**当たり前です。**

ところがADHDは、自分が同じ目に遭ってもさほど気にならないため、相手の怒りや不安をなかなか想像することができないんですよね。

この認識のすれ違いは、ちゃんと防がなきゃいけない。だからこそ、親しい人とは、自分の特性をある程度はあらかじめ共有しておくことが大切だと思います。

まずは、遅刻をしても、LINEをスルーしても、**決して相手をないがしろにしているわけではないことをちゃんと伝える。**このとき、併せて、対策をしているがそれでも失敗してしまったことも伝えましょう。**相手のために説明義務を果たすんです。**

僕は結構、「うんこでさえ後回しにしてしまう」という実体験を交えて話すことが多いです。相手も「そうか……うんこですら……」と納得してくれるから。そのうえで、お互いが協力して取り組める対策を話し合っていきます。

ただし、繰り返しになりますが、**「誰に対しても遅刻するからしょうがない」と、開き直りになるのだけは絶対にダメ**です。「できない」ではなく、**「これはできないけど、ここまでならできる」という限界値も含めて、**相手と話し合えたらいいですね。

お互いの常識や価値観を示して、すり合わせをしていくのは多様性社会で共存するための基本だと思っています。

まとめ

- **決して相手をないがしろにしているわけではないことをちゃんと伝える。併せて、対策をしているがそれでも失敗してしまったことも伝える**
- **相手のために説明義務を果たすのが多様性社会の共存の基本**

ADHD特性の使い方 30

自分視点ばかりのときは、「一方その頃……」で相手視点を意識する

どうしても「自分」「自分」と、自分視点で物事を考えがち。罪の意識にとらわれすぎてしまったり、逆に相手の立場を考えられなかったりする。**「自分ばかりの視点で考えてしまったかも！」と思ったら、自分劇場の目線で「一方その頃……」を意識する技を身につけましょう。**いわゆる「メタ認知」です。

僕にはADHDの友人がたくさんいます。

先日、そのうちの1人と飲みに行く約束をしました。ところが、友人が急遽《きゅうきょ》行けなくなってしまい、やむなくキャンセルすることに。直前だったので、「マジですまん！」と、彼からわざわざ謝罪の電話が来ました。

その数日後に、再び彼と会うことになりました。会うなり「この前はゴメンな〜」と僕に謝った後に、「あの店にはもう行けねえなぁ」とポツリ。「なんで？」と聞くと、予約していた店にキャンセルの連絡を忘れて、バックレのような形になってしまったらしいのです。

このときの彼の脳内はこんな感じです。僕との約束をキャンセルしたことに対しての申し訳なさと、「やしろ怒らないかな？」という心配ばかりが先立ったことで、**「キャンセルすることで店にも迷惑をかける」という発想がまるっと抜けてしまった。**そして、お店への連絡を忘れてしまい、結果的に多方面に迷惑をかけてしまうことになってしまったのです。

この手のことは、ADHDにしばしば見受けられます。

つまり、**目に見える直接的なリスクには気が回るものの、目に見えない世界で発生し得るリスクまで、思考が及びにくい。**ついつい目の前のことと自分のことばかりになってしまう。

僕にも似たような話があります。あれは社会人になりたての頃、初めて入った会社の入社式を欠席しました。理由は、寝坊して行くのを辞めたから。仕事をするわけじゃないし、行く必要も特にないだろ、くらいのテンションだったんですね。ところが後日、「お前たち新入社員のために用意した式だったんだぞ」と上司に言われて、衝撃を受けました。

驚くかもしれませんが、その発想がなかったんです。マジメに。「会社＝仕事をする場所」という認識があるだけで、入社式がたくさんの人の労力を割いて用意されていること、あるいは、社会人としてわきまえておくべき常識的な感覚が、全く欠如していました。

ＡＤＨＤは、物事を俯瞰《ふかん》したり、全体像を把握することが苦手だと言われます。

目の前のことに注力しすぎるあまり、少し外側の世界のことを想像するのが難しい。それが時に、周囲に「配慮のなさ」として映り、驚かれたりガッカリさせたりしてしまいます。

これを防ぐためにはどうすればいいか。

1つ、漫画家としての僕からの提案なのですが、日常を「○○劇場」（「○○」部分はキミの名前を入れてください）に見立てて、常に観客の視点に立ち、自分の行動を俯瞰で見てみてください。

さらに、**「一方その頃……」というセリフを意識する。**

試しにこれを実践してみてください。

例えば、冒頭の僕の友人のケースなら、登場人物は自分、やしろ、飲食店の人となります。第1話が「やばい！　約束の日に用事が入ってしまった。やしろへ謝罪の電話をするの巻」となるわけですが、「一方その頃……」というセリフを挿入すると、**「何も知らない飲食店従業員は、黙々と予約の席の準備をするのであった」**というワンシーンが入るわけですよね。すると必然的に、第2話が「お店にキャンセルの連絡を入れるの巻」となって、バックレを回避することができます。

僕の入社式の場合はどうでしょう。

第1話「今日から晴れて社会人。でも入社式は別に行かなくてもいいよね？ の巻」で、家で漫画を読みふけるやしろのシーンが流れます。「一方その頃……」の後には、**「会場では大勢の人が入社式の準備をし、社長がスピーチの練習をしているのであった」**と続きます。

これが想像できていれば、当時の僕も「せっかくだから行くか」となったかもしれません。

これはいわゆる「**メタ認知**」といって、自分を俯瞰するテクニックの1つです。思考や行動を紙に書く、言動を1人実況中継するなどいろいろなやり方があると思うので、自分が取り組みやすい方法で実践してみるといいでしょう。

重要なのは、「一方その頃……」の視点を忘れないこと。

目には見えないけど違う場所のどこかで、自分のため、あるいは同じ目的のために

動いている人がいることを、想像するクセをつけてみてください。

僕も、原稿をサボってゲームをしているときには、「一方その頃……編集担当Oさんは一睡もせず、やしろからの原稿を待っているのであった」という想像をします。そして、「Oさんゴメン、ゴメンよ……!!」という気持ちを忘れないようにしながら、粛々とゲームをしています。まあ、O氏もO氏でやらかすのでお互いさまではあるのですが……。

この場をお借りしてお詫《わ》び申し上げます。

まとめ

- **ついつい目の前のことと自分のことばかりになってしまう**
- **「一方その頃……」というセリフを意識して、外側の世界を想像する**

第4章

集中力や感情のムラも、ハマれば大きな力

ADHDの特性って、とても極端に現れるんですよね。興味のないことには全然集中できないのに、好きなことならトイレに行くのも忘れるほどに集中できる。感情を爆発させて楽しんでいたかと思えば、突然電池が切れたかのように疲れて沈黙する……。ムラがあり、不安定でコントロールしにくい。それでも、ハマったときには爆発的なエネルギーを発揮するのは、ADHDならではの強みです。

ADHD特性の使い方 31

凹と凸はセットで肯定。変人は天才かもしれない

全集中時と集中できないときと、パフォーマンスの質が両極端。ずっと全力投球できればどんなにいいかと何度も思ったけれど、結局、**凹と凸はセットで成立している**ものであって、ダメなときだけをなくすことはできないと悟りました。そこを認めて工夫するしかない。

全集中のときと集中できないときと、「同一人物か⁉」と疑ってしまうほど別人になるのがADHDの特徴としてあると思っています。僕は漫画を描いているとき、食事も、ときにはトイレに行くのも忘れて何時間も集中できます。けれど、興味のないことには3分だって集中できません。ADHDの人なら誰しもが願うと思いますが、僕も「**常時全集中モードになれたら、天才になれるんじゃない？**」と思って、そりゃあもう、あれこれと試しました。でも、やっぱりムリなんです。凹と凸の両方がセットなんだと。変人かもしれないし、天才かもしれないと。もうそれでいいんだと。

当然と言えば当然です。任天堂の大人気ゲーム「マリオカート」のクッパも、重くて急なカーブは曲がれない、コントロールの難しいキャラクターです。でも、馬力に関してはピカイチで、どのキャラクターよりも速く走ることができる。**乗りこなせれば最強**なのです。凸凹性能がセットのパラメーター設定なのだと割り切って、上手にバランスをとって生きていきましょう。

まとめ

- **「凹と凸は両方セットで成立している」この前提で工夫を始めよう**

ADHD特性の使い方 32

集中のきっかけづくりは「自分の脳を騙す」こと

「集中力が続かない」「過集中してしまう」、どちらの悩みもADHD特性としては有名ですね。人は最大でも30分程度しか集中できないと言われることがあるそうですが、どちらの悩みにもおススメなのが、**脳を騙す、やしろ流ポモドーロ・テクニック**です。

僕はもともと、ゲーム会社でサラリーマンとして働いていました。「雰囲気的に定時退社がしづらい」「雰囲気的に有給休暇が取りづらい」といった環境に嫌気がさして辞めてしまったのですが、サラリーマン時代に最も衝撃を受けたのが、みんながパソコンに向かって、数時間も黙々と作業をしているということです。

集中力、すごくね？

先ほどお伝えしたように、僕は興味を持てないことにはとことん意識散漫になり、集中力がない。だから、どんな仕事を振られても安定してパフォーマンスを発揮し、デスクに何時間も向かっていられる同僚が信じられませんでした。

ところが、その後に知ったことですが、**人間が最も集中できる時間は15分程度で、最大でも30分程度が限界である**と言われているそうです（諸説あります）。

それ以上の時間では、集中力が低下してしまい、どんどんパフォーマンスが下がるのだとか。

古来、人間を含むあらゆる生物において、一点に集中することは、命のリスクを伴うものでした。例えばサバンナで、目の前の獲物を狩ることだけに集中していたら、ほかの動物から狙われていることに気づけません。

つまり、意識の分散は防衛本能の一種。そう考えれば、人間の本来の集中力の限界が30分程度というのも、一理ある気がしています。サラリーマン時代にデスクに数時間かじりついていた同僚も、実は隠れてネットサーフィンをしていただけの可能性が浮上しました。

よって、もし「集中力が続かない」とお悩みのADHDの人がいたら、僕は自信を持ってこの言葉を贈ります。

大丈夫だ。**ADHDかどうかに関係なく、基本的に、人は集中できないようにつくられている。**集中力が続かないのは、いたって普通のことなのだ、と。

一方で、ADHDには**過集中**という特性もあります。1つのことに集中しすぎて、食事やトイレも忘れて没頭してしまう状態です。**嫌いなことには人一倍耐性がないけど、好きなことにはとことん過集中してしまう。**

僕も子どもの頃は、24時間寝ずにプラモデルを組み立てたり、今でも漫画を描き始めたら時間の概念がぶっ飛んだりすることがあります。

過集中モードに入れば、集中力を保ったまま長時間稼働できるので、高いパフォーマンスを発揮することができます。仕事の専門性を深めるのに向いているでしょうし、勉強や楽器の練習などにもかなり有利です。ＡＤＨＤで「集中力が続かない」と悩む人は、むしろこの過集中の状態を知っているからこそ、そうでない時間を問題視してしまうのかもしれませんね。

ただし、デメリットもあります。没頭しすぎるあまりに生活が乱れる。バランスよく作業ができなくなり、結果的に仕事ができない人になる。過集中を抜けた後の疲労感がハンパない。過集中に依存して「明日から本気出す」が延々と続く……などなど。**過集中はたとえるなら、諸刃の剣のような能力**なのです。

「集中力が続かない」「過集中してしまう」、どちらの悩みにもおススメなのが、定番ではありますが、**ポモドーロ・テクニック**を取り入れることです。ポモドーロ・テクニックとは、**作業時間25分→休憩5分**のループを延々と繰り返す仕事術です。「人間の集中力持続時間は30分程度」説の理に適《かな》ったやり方ですよね。知らない人は、YouTubeなどで検索してみてください。ポモドーロ・テクニックのタイマー動画がＢ

GMつきで腐るほど出てくるので、試しに実践してみましょう。

ただし実際のところ、集中力が続かないADHDにとっては、25分作業すると聞くだけでも苦痛だと思います。そこでさらに、ポモドーロ・テクニックをやしろ流に調整した、「**脳を騙す、超時短ポモドーロ・テクニック**」をご紹介します。

ズバリこれは、「作業時間は一瞬だけだと脳に思い込ませて着手する」テクニックです。なんなら、作業時間は5分だっていい。「**つべこべ言わずたった5分だけ我慢して、手をつけようぜ**」「**ちょっとだけでいい。ファイルを開くだけでもいいよ**」と、脳を騙してとにかく0→1のきっかけをつくるんです。

このテクニックのメリットは、ハードルを下げまくることで、作業に着手しやすくなること。なぜならADHDというのは着手さえしてしまえば、あとは5分どころか、もっと長く作業に集中できることが往々にしてあるためです。**スタートまでが長いけど、一度動き出せばゾーンに入って集中できるのもADHDの特徴**です。

注意点としては、**過集中しすぎないように休憩の時間も忘れずに挟む**こと。どんなに切羽詰まっていたとしても、長くても120分くらいで一度中断したほうがいいです。「もっとできる」と思っても、ムリをして長時間作業し続けると、必ず大きな疲労になって体に返ってきます。

僕はADHDの過集中によって体を壊した友人を何人も知っています。時には作業しすぎが大ごとを引き起こすこともあります。本当に注意してほしいのです。それに何より、休憩を挟んだほうが集中力も高まることが科学的にも証明されています。

休憩は5分以上延ばさないことも大事です。そして、休憩中にスマホや漫画を触るのは厳禁。おとなしくストレッチとかしといてください。

ポモドーロ・テクニックは、僕も実際に取り入れている仕事術です。これで作業効率が爆上がりしました。おススメです。

まとめ

- **ポモドーロ・テクニックは、とりあえず着手するように脳を騙すことが大事。休憩は5分以上とらないこと**

ADHD特性の使い方 33

0→1のハードルを下げる、「ちょいお手付き」のつくり方

スタートダッシュが遅い問題への対策として、「ちょいお手付き」状態をつくりましょう。人は0からスタートするのが一番きつい。**少しでも手がつけられていれば、次に再開するときのハードルはグンと下がります。**

ポモドーロ・テクニックについてお話ししましたが、**「そもそも、作業に取りかかること自体が苦痛」「何から始めていいかわからず、永遠に手をつけられない」**という人も多いのではないでしょうか。

めっちゃわかる。

車って、動き出すときが一番燃料を消費しますよね。

あれと同じで、人間も、**作業をやり始めるときが一番労力を使います。**

手をつけてしまえば何てことない作業なのに、その一歩が踏み出せない。後回しが続いて、いよいよ見るのもイヤになる。

結果として放置状態になってしまった仕事、家事、メールの返信、身の回りのあらゆることに埋もれていた時代が、僕にもありました。

「手をつけられない」を回避するには、「なぜ手をつけられないのか？」を考えてみる必要があります。

単純に「面倒な作業だから」「自分には難しい作業だから」などの理由が挙げられると思いますが、一方で、**面倒でもやり慣れている作業なら、スッと手をつけられる**

ことはありませんか？

脳は基本的に、生命維持のため、変化を避けて現状を維持しようとする防衛本能を備えています。そのため、何か新しいことや、あまり慣れていないことをしようとすると、その行動を制御しようとする力が働くのだそうです。

慣れない仕事や家事を先延ばしにしてしまうのは、僕やキミが怠け者だからではなく、脳の仕組み上仕方のないことなのです。

やったね！

とはいえ、やったね！　で先延ばししていると人生が詰むので、そうした作業に取りかかれるようにするためにはどうすればいいかを考えてみます。

「面倒そう」「慣れていない」「何から手をつけていいかわからない」、これらをクリアするために、**ちょっと手をつけてある状態**をつくるクセをつけましょう。

まずおススメなのが、**付箋を使って、やるべき作業を可視化**してみること。

思うに、先延ばししてしまう最大の理由は、**その作業の得体の知れなさ**にあると思うんです。「なんかムリ」というフワッとした理由で避けていると、その「ムリ」度はどんどん増していきます。オバケが怖いのと同じ理由ですね。ちなみに、僕はオバケ、超絶苦手です。

この得体の知れなさが明確になった「ちょいお手付き」状態だけでも、ハードルはグッと下がるはずです。よって、キミがまず着手すべきは、やるべきこと、自分が置かれている状況をエイヤッと可視化してみること。すると、「あれ、思ったよりいけるんじゃね？」というイケ感が出てくると思います。勝利するには、まずは敵を知るところからってことです。

具体的な方法として、僕は付箋アプリを使っています。

毎日朝8時に起きて、付箋アプリに「今日やるべきこと」を全部書き出す。各タスクには、「これからやること→●」「作業途中のもの→○」「終わったもの→◎」と印をつけていて、完全に終わった案件の付箋は、そのまま削除します。この一連の作業が気持ちいいので僕は長らく付箋アプリを愛用していますが、To Doリストでも、リアル紙の付箋でも、自分がやりやすい方法でOKです。要は、「**全体の作業状況**」と

「**具体的にやるべきこと**」を明確に可視化することが重要です。

やるべきことが明確になったら、「**ちょいお手付き**」**を広げる気持ちで着手すること**。順番は何でもいい。やりやすいと感じることから始めて勢いをつけるのもアリ。とにかくやってみる。手を動かしてみる。「**終わらせるぞ！**」**と変に完璧な目標を立てずに**、5分でもいいから、途中で挫折してもいいから、いったん着手すること。

それができたら、「オレ、5分できた！」と自分を褒めてあげましょう。

また、「**仕事を全部やりきらず、ちょい残しする**」も有効なコツです。切りのいいところまで仕上げたくなりますが、次に手をつけやすいように、わざと中途半端なところで次に持ち越すんです。こうすると、ゼロからエンジンをかけるのではなく途中から再開できるので、心理的負担もぐっと減ります。

「**完璧を捨てろ**」**という話をしましたが、妙にこだわりが強いADHDは、その完璧主義な部分が仇**《あだ》**になることがあります。**いったん作業に取りかかると、「ちゃんと終わらせないと」というプレッシャーが生じるので、取りかかる前から億劫になってしまう傾向にあるのです。

完璧はハナから諦めて、「ちょっとずつ」をなる早で実践していく。このマインドを日々積み重ねて、放置案件をなくしていきましょう。

まとめ

- 「ちょいお手付き」状態をつくろう。おススメは付箋の書き出し
- 「仕事を全部やりきらずちょい残しする」も次に再開しやすくするために有効

ADHD特性の使い方 34

イヤなことから逃げてもいいが、「逃げグセ」をつけない

先延ばし、逃げグセが多いとされるADHD。でも僕は、**逃げること自体は悪いことだと思っていません。**むしろ、「逃げる」コマンドを常に脳内に表示しておくことも必要です。

僕はバツイチです。バリバリの離婚経験者です。
元嫁と離婚調停をしたのですが、イヤすぎて、話し合いを全部欠席しました。
もうね、ムリでした。

どうしても気が進まなくて、毎回行かずに家で漫画を読んでいたら、弁護士さんから、「やしろさん！　今どこにいるんですか！」って電話がかかってくるんです。「適当にやっておいてください！」ってお願いしたら、しばらくして「2000万いかれました！　すみません！」って報告を受けました。
離婚調停がイヤすぎて家から出なかった結果、財産分与2000万円を支払うことになったという、ウソのようなホントの話です。ちなみに元嫁とはめちゃくちゃ仲がよく、今も社員として一緒に働いてくれています。

これ、ADHD特性の「**逃げグセ**」です。
イヤなこと、気が進まないことからどうしても逃げてしまう。
僕の離婚話はちょっと極端な例かもしれませんが、「**遅刻の連絡をしておかないと**

相手が困る→ダルくてできない→約束自体をドタキャンする」とか、「**仕事のミスを上司に報告しないとヤバい→怖くてできない→もっと大ごとになる**」なんてケースは、結構あるあるなんじゃないでしょうか。

普通の人であれば、「イヤだけど、やらないと後でもっと面倒なことになる」というロジックが働いて、目の前のタスクをこなそうとするでしょう。

ＡＤＨＤの場合、「**やらないと後でもっと面倒なことになるのはわかるけど、ムリすぎる**」という感情が働いて、「逃げる」という選択肢を取ることが多いです。

ほかの特性にも共通して言えることですが、ＡＤＨＤは刹那的です。

長期的な思考が苦手で、今、この瞬間の感情に抗えません。

恐ろしい未来が待っていたとしても、今のしんどさを回避したい。そういう思考回路なのです。

じゃあ、どうすればいいか？

結論から言えば、僕は、逃げることは決して悪手ではないと思っています。

といっても、常に「逃げればいいや」というスタンスでいるんじゃなくて、**頭の中に「逃げる」という選択肢を用意しておく**ということです。

ドラクエでも、敵と会ったら「闘う」「守る」「逃げる」というコマンドが登場しますよね。日常生活においても、何かトラブルと遭遇したら、このコマンドのイメージを頭に描くことが重要なんです。

世の中では未だに、「逃げる＝悪」という考えが主流です。

責任感が強いとされる日本人のコミュニティの中ではなおのこと、逃げるヤツは「忍耐力がない」と切り捨てられてしまいます。

でも、本当にそうでしょうか？

僕はもっと、社会が逃げることに寛容であってもいいと思う。

本当にムリだと思ったら、闘う必要はありません。

だって、ムリなものはムリだし。

ちなみに、僕は今までの人生において、めちゃくちゃいろんなことから逃げてきました。この辺りは『人生から「逃げる」コマンドを封印している人へ』（ダイヤモンド社）に詳しく書きましたので、気になる方はぜひご一読ください。

でも、これが重要なこと。

逃げてもいいけど、逃げグセをつけるのはよくない。

ポイントはあくまで、コマンドに「逃げる」という選択肢を表示させて、「**自分は闘うこともできるし、逃げることもできる**」という可能性を認知することなんです。

ドラクエで常に「逃げる」を選び続ければ、経験値がたまることは一生ありません。リアルの世界なら、周囲から人がいなくなり、コミュニティでも居場所がなくなってしまうでしょう。

一方で、「**逃げる**」**ことができるとわかれば、**「**闘ってみてもいいか**」**と思えるかもしれない。**

そんな可能性の幅を持たせるという意味で、「逃げるのもアリ」という意識を持つことが大切なのです。

それともう1つ。**逃げるなら必ず、その先の責任を背負わなければいけない**ということです。

当然、逃げることにはリスクが伴います。誰かを超絶怒らせたり、信用を絶望的に失ったり、自分にとってはマイナスな未来が待っている可能性が高いです。

その未来をリアルに想像し、受け止める覚悟があるなら、OK。今すぐ逃げてよし。その覚悟がないのなら、逃げる以外の行動を起こしましょう。

僕は今までこのマインドで生きてきたので、逃げてきたことに対しては全く後悔をしていません。

……というのはウソで、離婚調停の件は、1回くらい顔を出せばよかったかも、とちょっと反省しましたね。さすがに。

まとめ

- **逃げてもいいけど、逃げグセをつけるのはよくない**
- **逃げるなら必ず、その先の責任を背負わなければいけない**

ADHD特性の使い方 35

先延ばし対策に、えげつない「地獄の未来」をイメージする

どうしてもイヤなことから逃げがちだし、先延ばしもしてしまいがち……そうしたときは、**「地獄の未来」をイメージしましょう**。そりゃもう、リアルに鮮明にイメージするんです。

そうは言っても、日常でしばしば起こるトラブルにおいては、逃げずに対処すべきことが大半です。

遅刻しそうと思った瞬間に「遅れるかも」と連絡すべきだし、ミスをしたらなるべく早めに上司に報告しておいたほうがいい。やらなきゃいけないこと、向き合うべきことには、自らの尻を叩いてでも取り組んでいくべきでしょう。

いや、できたら苦労しねーよ。

これなんですよね。できない。

先ほどもお話しした通り、刹那的な生き物であるＡＤＨＤの人は、「今しんどい」ことを回避することが何よりも優先事項になるからです。

そこで推奨したいのが、**「今しんどい」よりももっとえげつない「地獄の未来」を、なるべく鮮明にイメージすること**。要は、逃げることで起こり得る未来の予知能力を鍛えるのです。

例えば、こんな感じです。

仕事でミスした。怖いからタイミングを見て報告しよう→ミスしたまま話が進み、言い出す雰囲気じゃなくなる→話が大きくなったタイミングでミスがバレる→「お前かい！」とめちゃくちゃ大ごとになる。同僚や上司、部下からの信用を失う→終わり

恋人との約束の時間に寝坊した→ワンチャン間に合うかも、その可能性に賭ける→間に合わない→恋人から鬼ＬＩＮＥ、面倒くさくて未読スルー→後日、地獄の言い争い→恋人や周囲の友達からの信用を失う→終わり

肝心なのは、起こり得る最悪の状況を、とにかく具体的にイメージすることです。「多分ヤバいことになるよな」程度じゃなくて、**誰の怒りを買ってどういう状況になるのか、結果、自分がどうなるか**をリアルに想像してください。

おそらくめっちゃイヤな気持ちになるので、そうなる未来を回避するためにも、今、動くモチベーションが高まるはずです。

大まかに分類すると、人の行動のモチベーションは、「**快追求**」と「**苦痛回避**」の

2種類しかないそうです。快追求は言葉の通り、「あれが欲しい！」「ああなりたい！」というポジティブな欲求に従って湧き出る行動意欲のこと。これ、ADHDはかなり得意です。対して苦痛回避は、「こうなったらつらい」「ああいうふうにはなりたくない」というネガティブな事象を避けるための行動動機のこと。

地獄の未来を想像する力を鍛えることはつまり、**脳の苦痛回避のスイッチをオンにする**ということにほかなりません。

逃げたくなったら、最悪の未来を具体的に想像すること。
その未来を回避できるか否かは、自分次第です。

まとめ

- **逃げグセ回避のために、誰の怒りを買ってどういう状況になるのか、結果、自分がどうなるかをリアルに想像しよう**

ADHD特性の使い方 36

ADHD診断は自己分析の一環としても役に立つ

自分がどういうタイプの発達障害かわかることで
自分を俯瞰して見られて傾向や対策を考えられる!!
ADHD

「ADHD診断って受けたほうがいいの？」とよく聞かれます。**受ける前に「なぜ受けるのか」を考えることが大切だと答えます。**重要なのは診断結果ではなく、そこから広がる自己分析です。

サラリーマン時代、仕事のミスが尋常じゃないくらい多く、うっすらと「自分はADHDなんじゃないか」と思うことがありました。

それを友人に話したところ、

「は？　ADHD？　甘えるな。だったら診断受けてみろよ。もし本当にADHDだったら、焼肉3回おごってやるよ」

とバチバチにあおられまして。

メンタルクリニックで診察を受けた結果、**完全なるADHD不注意型でした。**

「よっしゃあああああああ焼肉ううううう!!」

という心の声が漏れて、クリニックに気まずい空気が流れたのはここだけの話です。

「あなたはADHDです」と診断されたリアルな心情としては、**「そうだよな」という腹落ち**です。

今までの失敗は自分の怠慢だけが原因ではなく、抗えない部分もあったんだなとわかってほっとしました。

そういう意味では、診断結果に対して落ち込む気持ちは全くなく、むしろ清々《すがすが》しい気持ちでした。

もしキミが今、ＡＤＨＤ診断を受けるかどうか迷っているなら、僕はこう言います。

「どっちでもいいと思う」

何の参考にもならなくて申し訳ないが、本当にそう思う。

診断結果で気持ちがラクになるかもしれないし、逆に落ち込む可能性だってあるから。ただ、結果以前に、**「何のために受けるのか？」**はしっかりと考える必要があると思っています。

僕の場合は、診断結果を受けて、自分の思考や行動の傾向に強い意識が向くようになりました。

関連書を読んだり、ＡＤＨＤの友人に話を聞いたりして、「何が苦手で何が得意か」を模索する旅が始まったのです。

そして、**対策法を考え、日々実践することで、自分がもっと生きやすくなるための**

工夫を積み重ねてきたように思います。

急には変わることができないので、本当に少しずつ。

一方で、残念ながらADHD診断を対・他人のために利用する人たちもいるようです。「遅刻が直らないのはADHDだから」「ADHDだからミスしただけ」のように、診断結果を免罪符にするのはご法度です。

もしも「ミスを許してもらうために受診した」となれば、逆に診断がつかなかったときにショックを受けるのも自分です。

ただし、すべての事象に言えることですが、物事の線引きは曖昧なものです。

ADHDもそう。仮に、検査で100のスコアが出たらADHDと定義されるなら、99は限りなくADHDに近いはずですが、健常者と判断されます。

いわゆる、**発達障害グレーゾーン**というやつです。

これらはあくまで数値上の話であって、「ここまでは健常者で、ここからがADHH

D」などと厳密に線引きできるようなことではありません。

だからこそ、**もし健常者と診断されても、自分の思考や行動に意識を向けてみるのは大切なこと**だと思います。

例えば、クリニックによっては、ADHDの診断で知能検査（WAIS－Ⅳ：ウェイス・フォー）を使います。この検査では、語彙《ごい》の豊かさや言葉の使い方を見る「言語理解」、視覚的な情報や空間把握の能力を測る「知覚推理」、耳から得る情報を記憶する「ワーキングメモリー」、目で見た情報をすばやく処理したり書き出したりする「処理速度」など4項目の数値が出て、自分の能力の傾向を見ることができます。

「視覚優位」か「聴覚優位」かがわかるだけでも自分の苦手と得意の把握につながります。例えば、もし視覚優位であれば、連絡は電話ではなくメールで送ってもらうなど、対策のヒントを見つけられるかもしれません。

まとめると、ADHD診断がメリットになるか、デメリットになるかは個人差が大きい。診断結果を活用して、人生をプラスにできるかどうかは、捉え方次第ということです。

ＡＤＨＤ診断を受けるのは、**自分の人生の方向性を定めるため。**

迷う局面の判断材料として、生きやすさを模索するためのヒントとして、ＡＤＨＤ診断は大きな助けになってくれる可能性があります。

「他者にわかってもらうため」は必要な考え方ではありますが、**それが主軸になってしまうと、結局は生きづらいままになってしまう気がします。**

相手に伝えるのは、「ＡＤＨＤという診断結果」ではなく、自分の特性や、自分なりに分析した自分の得意と不得意であるべきだと思うのです。

まとめ

- **「何のために診察を受けるのか？」が大事。検査は自分の特性把握にもなる**
- **相手に伝えるのは「ＡＤＨＤという診断結果」ではなく、自分の特性や、自分なりに分析した自分の得意と不得意にしよう**

ADHD特性の使い方 37

第一印象だけよくて、あとは評価が急降下。それって伸びしろです

僕のことを人当たりがよくて元気で印象いいなぁ～って思ってますよね？　1カ月後にどうなってるか見ものです!!
そうなの!?

第一印象はめちゃくちゃいいけど、そこから評価が下がっていく。ADHDあるあるです。**気にするな。第一印象がいいってことだけで自慢していいレベルだ。**そして何より、**オレたちには伸びしろがある。**

先日、ADHDの知人と話していたとき、「あるある！」と激しく共感し合ったことがありました。

それは、「**第一印象は異様によくて、そこからだんだん評価が下がる**」という現象です。

例えばその知人の場合、会社の採用面接では面接官にめちゃくちゃ好印象だったそうです。入社して間もなくは順風満帆だったものの、徐々に仕事のミスが目立つようになり、周囲に「〇〇さんって意外と仕事できない人？」「面白いけど、何か抜けてる」という目で見られるようになったのだとか。

これ、僕もかなり思いあたる節があって。

会社勤めは苦手だけど、面接だけは超得意。

自己PRでは、できないことも平気で「できます」と言うし、自分語りはお家芸なので、高確率で面接官に気に入られるんですよね。

で、実際に働き始めると、本来のポンコツっぷりが露呈されて、「なんか面接の印象とちゃうなコイツ」となる。

この現象は、サラリーマン時代にマジでめちゃくちゃありました。

ADHDの人は基本的に、**社交的で明るくて、周囲から好かれる人が多い**と言います。「思考回路が子どものよう」と述べましたが、裏表がなく素直な性格であることが多く、僕もその知人も、確かに「愛されキャラ」ではあると思います（異論は認める）。

一方で、最初の印象がいいだけに、**付き合いが深くなると、そのギャップに周囲が戸惑う**こともあります。

職場ではもちろんプライベートでも、「連絡を返さない」「遅刻が多い」といったネガティブ面を目の当たりにしたときに、「あんなに感じのいい人なのにな……」というガッカリ感をいっそう強く与えてしまうのだと思います。

周囲からそのように思われたときに、凹んでしまう人もいるでしょう。「思ったよりできない人だな」と評価されるのは、確かにつらいです。

でも、同じ境遇にいた僕から言えるのは、**他人の評価は気にするな**ということです。そもそも他人の評価が気になるということは、**自分の中で、まだまだ努力できる伸びしろがあるから**だと思うんですよね。

根本的な対策法で言えば、この本でこれまで紹介してきたような日々の対策を少しずつ積み重ね、ミスやトラブルを減らし、周囲の信頼を回復していくしかありません。それでも改善できないことは、いっそムリ宣言する。

かっこつけずに「できない」と認め、**最終的にはギブアップして、逃げたっていい**。賛否両論あるかもしれませんが、僕はそう思っています。

そういうスタンスでいれば、他人の評価はあまり気にならなくなります。

つまり、他人の評価が気になるのは、**自分はまだ改善できる、巻き返せるという希望があるから**。

それならば、その希望を形にすべく、もっともっと工夫してみましょう。「ADHDは精神年齢が実年齢の3分の2程度」とお伝えしましたが、そういう意味でも、キミはまだまだ成長過程なのかもしれません。

そもそもの話になりますが。

ＡＤＨＤだと何かと卑屈になって、「**人に迷惑をかけてしまう**」「**また評価が下がってしまった**」と、**思考が他人軸になりがち**です。だからこそ、ある程度は意識的に、ワガママに生きることも必要だと思っています。

だって、**自分の人生は、どこまでも自分のもの**だから。

がんばれるなら努力すべきだし、ムリだと思ったら諦める。

諦めた先に、新しい発見や出会いがあるかもしれません。自分の人生を生きるということは、「いかに自分が心地よくいられるか」にとことん特化し、それを実現するための選択と行動を積み重ねることなのです。

多くの「他人」と共存する社会においては、「自分」を中心に生きるのって、意外と難しいことですよね。

だからそこは**意識的に、あえてワガママ寄りのポジティブマインドを保つことも、**

ときには大切です。

少なくとも、僕はこの35年、そうやって生きてきました。

冒頭の悩みに関しても、まず「第一印象が好印象」という時点で、めちゃくちゃ強いと思うんです。

後で評価が落ちようが、これができるだけで自慢していいレベルです。

その強みを活かしていくにはどうするか？

そこに思考を巡らせることが、自分軸で生きることにつながっていきます。

まとめ

- **他人の評価は気にしすぎるな。他人の評価が気になるということは、自分の中で、まだまだ努力できる伸びしろがあるから**
- **ある程度は意識的に、ワガママに生きることも必要**

ADHD特性の使い方 38

「毎日が優勝」「自分は天才だ」と思い込む図々しさを持って生きよう

ここまでADHDの「すごい」特性に触れてきましたが、決して、その特性を楽観的に捉えよう、という意図はありません。ADHDであることの苦労は変わらず存在し、つらい日々もあるでしょう。でも、**考え方次第で、前に進むエンジンにする**ことはできるんです。

僕は今まで、自分は天才だと思って生きてきました。

いじめられても、会社でしこたま怒られても、「**まあ、オレには別の才能があるから**」という何の根拠もない自信があって、メンタルが完全にやられるほど落ち込むことはありませんでした。

これは間違いなく、母親のおかげだと思っています。

漫画にも頻繁に登場する僕の母親は、一言で表すなら、パワー系肝据わりババアです。僕が庭の土に全身を埋めてみせたり、自宅の玄関に「ホテル・1泊1000円」と書いた看板を置いたりしても、一切動じない胆力の持ち主。そして基本的に、否定しない（ぶん殴りはする）。

モラルに反すること以外は、やりたいことを伸び伸びとやらせてもらいました。

そしていつも、「**あんたは変わってるけど、何かの才能はあるよ**」と言われ続けてきました。

この言葉に見事に洗脳され、僕の中に、踏まれても死なない雑草のようにしぶとい自己肯定感が育ったのでしょう。

願わくば、「自分はダメだ」と落ち込みがちなすべての人に、**「自分は天才だ」と思い込む図々しさ**を身につけていただけたらと思います。

もちろん、ただ自分に言い聞かせるだけでは全く意味をなしません。

それができたら、僕はとっくにやしろ教の教祖になっているでしょう。

自己肯定感を高めるためには、**成功体験が必要**です。

そのためには、何でもいいから新しい行動を起こすこと。

1泊2日で一人旅に出る。

ボランティアに参加する。

本を1冊読み切る。

その感想をSNSでシェアする。

ラジオに投稿してみる……などなど。

今までやったことのない新しい体験を、月1ペースでやってみてください。

どんな行動を起こすにせよ、「新しいことに挑戦できた」体験は、大きな達成感となってキミの糧になるはずです。

できれば1人で行うこと。

失敗しても後腐れがないし、**「誰も知らない自分だけの世界」を持つことは、謎の自信と心の余裕につながります。**

何よりも、**新しい世界に足を踏み入れることは、自己理解の扉を開くこと**でもあります。

「好き」を発見したり、自分の知らない才能が発揮されたり、共鳴してくれる仲間との出会いがあるかもしれません。

僕は定期的に、「優勝」ツイートをしています。

「今起きている人は優勝」「金曜までがんばったキミの勝ちだ」みたいに、とにかくここまで生き延びたことを褒め称《たた》え、それをみんなと共有しています。

これも、僕の母親の、

「小さいことで凹むより、小さいことで喜んだほうが人生得だろ！　どんなに小さなことでも『できたら優勝』って気分で生きな」

というありがたいお言葉がネタ元になっています。

そう。つらいことがあっても、今生きているだけでキミはエラい。

加えて、活字だらけのこの本をここまで読んだだけで、キミはめちゃくちゃエラいんです。

人生って本当に、何が起こるかわからない。

僕もまさか、「ほしい物リスト」に三角コーンを入れただけで、こんなにも三角コーンで名を馳《は》せることになるとは思いもしませんでした。

でも、何かを起こすためには、まずは自分が動かなきゃいけない。

大丈夫、ＡＤＨＤ特性「行動力」を携えたキミなら、失敗を恐れずに挑戦することができるはずだから。ＡＤＨＤであることが、キミにとってプラスに働く瞬間が訪れることを願っています。

まとめ

- **つらいことがあっても、今生きているだけでキミはエラい**
- **「自分は天才だ」と思い込む図々しさを身につけよう**

COLUMN

母×やしろあずき

自分を否定せず、前向きに楽しく生きる

「ADHD」という言葉がなかった時代から

やしろ　この本を書くにあたって、あらためてADHDについて考えたり、周囲の人に話を聞く機会がたくさんあって。そこでやっぱり強く感じたのが、「**環境**」**という要素への抗えなさ**なんだよね。育つ環境や仕事環境って、自分ではどうにもならない部分もあって。そういう意味では、僕はすごく恵まれた環境で育ったなと思うし、今も恵まれていると思う。

母　「環境」で言えば、今とあなたが小さい頃では、ADHDに対する世の中の考え方もかなり変わったと思うよ。そもそも、昔は「ADHD」っていう言葉自

体がなかったしね。

やしろ 何だこいつ、変な子どもだなって思ってた？

母 一筋縄ではいかないな、とは思ってた。授業中に突然教室から逃げ出したり、女の子の洋服を着たがったり、庭の土の中に体を埋めたりね（笑）。

やしろ お母さんは基本的に、僕がやりたいことは自由にやらせてくれたよね。そこはものすごく感謝してるし、今の自分の前向きさにつながっている気がする。

母 自由にやらせてたっていうより、やらせざるを得なかったというほうが正しいね。あなたと向き合っていくうちに、杓子《しゃくし》定規な育て方じゃうまくいかないなって思ったの。だから、**興味を持つことはどんなことでも、否定せずに一度はやらせてみよう**っていうのは心がけてたかな。でもそれは、周りの人の協力も大きかった。

やしろ 子どもの頃の僕は、同級生や保護者の人からどう見られてた？

母 やっぱり、ちょっと変わった子だなって思われてたよ。でも、同級生の子が「今日のやしろくんはこうだったよ」って教えてくれたり、周りのお母さんから「今日、大事なプリント配られたよ」って連絡もらったり、みんなすごく優しかった。「ADHD」という言葉のない時代だったけど、「その子らしさ」という感じで受け入れられてたのかな。

子育てに向き合いすぎず、自分の世界を持つことも大切

やしろ　僕たちは母1人子1人という環境だったから、ケンカも多かったよね。

母　漫画じゃ「パーフェクトババア」みたいに面白おかしく描写されてるけど、実際は、心身ボロボロになりながら子育てしてたよ。あなたに手を上げたこともあったし、お味噌汁ぶっかけたこともありました。

やしろ　あったなー（笑）。僕がおばあちゃんにひどい態度をとったらお母さんがブチ切れて、手に持ってた味噌汁を、僕の頭にザーッて。

母　掃除が大変すぎたので、二度とやらないと誓ったね。あと、忘れもしない、中学のときの万引き事件。

やしろ　万引きがお母さんに見つかって、2人でお店まで謝りに行った。そこで話は終わったのに、お母さんが、「これじゃ私の気がすまない。警察に連絡しま

しょう」って自ら通報した事件ね。

母 お店の人に謝ってお金を払うくらいじゃ、あなたが反省しないと思ったのよね。**大人を舐めるなよ**、という強い気持ちで出頭しました。

やしろ 効果てきめんだったな。警察のおじさんがめちゃくちゃ怖くて、もう二度と万引きなんかしないって思ったし。

母 でも基本的に、口ゲンカでは、あなたにかなわなかったよね。ほら、すぐに人を論破しようとするから。

やしろ 論破っていうか、基本的に早口だから……。

母 論破だよ。私が何か注意すると、急にスイッチが入ったみたいにバーッて反論してくる。それはもう完膚なきまでに、こっちが泣きそうになるまで攻撃してくるじゃない。だからそういうときは、距離をとることにしてました。

やしろ 物理的に離れるってことね。

母 喫茶店に行ったり買い物に出かけたりして、お互いに少しクールダウンするの。そういうときにムリに向き合おうとしても、絶対にうまくいかないから。で、帰ってくると、大体の場合はあなたもしおらしくなってるんだよね（笑）。

やしろ　ＡＤＨＤって瞬間的にカッとなるんだけど、その怒りが収まるのも早いから。お母さんに暴言吐いて、後でめちゃくちゃ反省するっていうのは死ぬほど繰り返してた。でも直接は謝れなくて、部屋の壁に「あのときはごめんなさい」ってマジックで書いたりね。

母　マジックで書くな。でも実際に、親子はほどよい距離感を保ちながら、ときにはあえて向き合わないことも必要だと思う。例えば、私は当時シングルマザーで、子育てと仕事の両立がものすごく大変だった。でも逆に、仕事があることで救われた部分もあって。24時間子育てと向き合わなきゃいけなかったら、視野も狭くなって、もっとしんどかったと思う。**仕事じゃなくても、趣味でも推しでも何でもいいから、親が子育て以外の別の世界を持つ**ことも大事なんじゃないかな。

やしろ　クッキー(当時飼っていた愛犬)がいたのもよかったと思う。動物って、家族の誰かが落ち込んでたら慰めてくれるし、ケンカすると仲裁に来てくれたりするじゃん。クッキーがいたから助けられた部分もたくさんあって、動物ってすごいなって感じたな。

寄り道だらけの人生。だからこそ楽しい

やしろ　今の時代って、昔と比べて情報量が桁違いに多いじゃん。だから、ADHDでも得意分野を見つけやすいと思うし、才能を発揮できるフィールドはかなり広がったと思う。あくまで「昔よりは」って話だけど。

母　ADHDの情報も検索すればたくさん出てきて、家族や知人も理解しやすくなったよね。でも一方で、**そこに苦しめられる部分も少なからずあって。**ADHDに限らず、子育てとか人生って、何が正解かなんてわからないじゃない。そういう意味で、私の子育ては間違いと寄り道だらけだったけど、その寄り道のおかげで人生がすごく楽しくなったなって思うの。

やしろ　確かに、今も年齢のわりには人生をエンジョイしてるよね。

母　私、若い頃はかなり完璧主義な性格だったの。神経質なところがあって、杓子定規にしか物事を考えられなかった。でも、あなたを育てていくうちに、自分がどんどん変わっていって。高校生のときに、ホームレスの人たちと遊んで

たときのこと覚えてる？

やしろ 覚えてる。僕が学校をサボってドヤ街の炊き出しに並んでたら、ホームレスのおっさんたちに「おめえ学生だろ、何やってんだ」って絡まれて、仲良くなった話ね。それ以来、学校に行かずにおっさんたちと時間を過ごすようになって、お母さんに持たされたお弁当をシェアしてた。

母 私、その話を後から聞かされて、真っ先に「なんでもっと早く言ってくれなかったの！　知ってたら、スタミナがつくおかずをもっとたくさん入れたのに」って思ったのよね。昔の私だったら、そうは思えなかったと思う。

やしろ 虫の心配はしてたじゃん。

母 正直、そこは心配だった。でもそこ以外は、むしろ知らない世界に飛び込める度胸をたくましいと思ったし、ユニークだなって感心したな。

やしろ **常識じゃなくて、面白いかどうかで判断してくれてた。**

母 それは、あなたが私に教えてくれたことなの。この歳になってコミケに参加したり、ゲームやラーメンの楽しさを知ったり、昔好きだった絵を描くことへの情熱を思い出させてくれたのも、全部あなたの吸引力のおかげです。

やしろ　ADHDってほら、自分の好きなことに周囲を巻き込む力があるから。

母　杓子定規的にしか生きられなかった自分に、そういう人生の楽しさを教えるために、あなたは私のところに来てくれたんだろうね。だからいつも、生まれてきてくれてありがとうって、心から思ってる。

1日の小さな幸せを感じ取れるように

やしろ　今までの子育てを通じて、あらためて、ADHDをどう捉えてる？

母　いい面も悪い面もあるのは普通の人と同じで、ADHD特性を「個性」と捉える考え方もあるよね。それもステキな考え方の1つだけど、一方で、私はあくまでも**「障害」であるという認識も大切だ**と思ってる。先日、出かけるときに、あなたが玄関でずっとゴソゴソしてて。「どうしたの？」って声をかけたら、「忘れ物ないか考えてるから、ちょっと放っておいて」って言ったときの顔が、すごく苦しそうだったの。それを見て、当たり前だけど、やっぱりつらいんだなって。**「個性」と割り切るにはハードルが高い現実があることを、忘れ**

ちゃいけないと思う。

やしろ　僕は子どもの頃から、本当に限界が来たら「もうムリだ」というSOSを自分から発信してたし、言わなくてもお母さんが気づいてくれた気がする。そこで「**逃げてもいい**」って言ってくれたことも大きな救いになったし、自分の人生観に大きな影響を受けたかな。

母　これはADHDに関係なく、いくら親子でも、100%わかり合うのはムリだから。だからこそ、子どものちょっとした変化に気づけるように、いつも気にかけてあげなきゃいけないよね。極端な話、生まれてきた子どもをどうしても愛せない親だっていると思う。でも、それなら周囲の誰かに助けを求めるなりして、子どものことは決して見放しちゃいけない。

やしろ　見放さないでいてくれてありがとう（笑）。

母　ギリギリのときは何度もあったよ（笑）。でも基本的には、人生は楽しんだもの勝ちだからね。あなたとケンカしてほとんど口をきいてなかった頃も、「今日は一言喋れたからいいや」と思える前向きさは、私の中に育まれたかもしれない。

COLUMN

母×やしろあずき　自分を否定せず、前向きに楽しく生きる

母とやしろ

やしろ その前向きさは完全に、息子にも継承されてます。

母 人生だから、いろいろ大変なこともある。でも、**1日1日の小さな幸せを感じ取れる人間でありたいし、あなたにもそうであってほしい**と願っています。とりあえず、この後一緒にラーメン食べに行くのが楽しみ！

やしろ 70歳で人生初、「あぶらましまし」をオーダー&完食することができるのか。読者のみなさんも乞うご期待。

精神科医・ゆうきゆう先生の言葉

ゆうきゆう
精神科医。ゆうメンタルクリニック・スキンクリニックグループ総院長。東京大学医学部医学科を卒業。2025年現在、ゆうメンタルクリニック、ゆうスキンクリニック、ゆうリワークセンター、ゆう訪問看護ステーションなど合計21拠点展開。漫画原作者としても活躍し、『マンガで分かる心療内科』シリーズ（少年画報社）などを刊行

こんにちは！　精神科医で、漫画原作者をしています、ゆうきゆうです。

やしろあずきさんとはXで知り合い、以降、多くのパーティやイベントでご一緒しています。つい最近も、監修した「東京こころフェス」というイベントで、一緒に登壇させていただきました。今回、そのご縁で、こちらの書籍を読ませていただきまして、その感想を述べさせていただきます。

いやね、自分、今までずっと「自分も少しADHDの傾向があるかもなぁ」と思っていました。でも読んだ後で、あらためて思います。「まだ自分、軽かった」と。というかADHDの中でも、かなり重度のほうだと思います、やしろさん。ホンモノを

前にして、自分は、ただただひれ伏すしかない。

そういえば、思い出します。自分はスキンクリニックを運営しているのですが、そこに彼に来てもらったことがありました。美容の体験漫画を描いてもらうためです。お礼に無料で脱毛施術しました。確か7〜8年前くらいの話です。さて、ここで問題です。彼が、その体験漫画を、いつ描いてくれたと思いますでしょうか?

A「即日」　B「1週間後」　C「1年後」

いかがでしょうか……?　Aと思った方、彼をまだ理解していません。あと100回この本を読んでみてください。Bと思った方、彼をまだ甘く見ています。Cと思った方、彼をすごく理解している人です。でももう一歩惜しいです。正解は、D「未だに描いていない」です。もう7〜8年ですよ⁉　え、「仕事が遅い」とかのレベル超えていませんか⁉　自分でもこのテキストを書くまで忘れてしまっていました。これ間違いなく一生描きません。

いや、これもADHDの症状「先延ばしにする」の1つだと思うんですが、いや、限度があるだろうと。ただ、です。彼がスゴイのは、それだけの症状を抱えつつ、ものすごい「工夫」で乗り切っているということ。

この本ではさまざまなテクニックが紹介されていますが、どれも心理学的に非常に理にかなっていて、なおかつ実践しやすい方法ばかりでした。素晴らしかったです。

いやね、ここで読者のみなさんに聞きたいのですけど。「彼の絵って、どうですか？」いや、彼の絵、すごい味がありますよ⁉　しかし純粋に「画力」という意味では、うん。結構まぁ、うん。まぁ、じゃないですか。「小●健（『デス●ート』の作画の人）の画力と、彼の画力、どっちかもらえるよ」って言われたら、100人中100人が「小●健！」って即答するじゃないですか。

で、ここで。もしみなさんが、それでも神様から、強制的にやしろあずきさんの画力のほうを与えられて、「お前は今から漫画を仕事にして生きていくんじゃ」って言われたら、どう思いますでしょうか。大半の人が「あ、詰んだ」って思うんじゃないでしょうか。自分だったらそう思う。しかし、彼のすごいところはそれでも諦めず、長年にわたって漫画を描き続け！　そして何十万ものファンを得て！　電子書籍ではものすごい収入を得て（多分）！　ビジネスでは素晴らしい業績を出している！　さらに何より、ADHDの特性を持ちつつも、それを自分のテクニックで克服し、さらにその特性をうまく活かして、これだけの大成功を収めている！

まさに前向きに生きるツールを次々と発明したスティーブ・ジョブズのような存在であり、ＡＤＨＤ界希望の星ではないかと思うのです。


現在、ＡＤＨＤの診断を受ける人は非常に増えています。もちろんＡＤＨＤの方の率が急激に増えているというより、「ＡＤＨＤ」という概念が社会に浸透することにより「自分もそうなのでは？」と不安を抱いた方が、メンタルクリニックに多く受診しているから、ではないかと思います。あなたもその不安を抱いているからこそ、この本を読まれたのではないでしょうか。であれば、ぜひこの本のテクニックを試して、少しでも前を向いて生活してみてください。

大丈夫です。やしろあずきさんがついています。

もちろんそれでもダメなときは、あらためて、ゆうメンタルクリニック、もとい、お近くのメンタルクリニックも頼ってくださいね。

精神科医　ゆうきゆう

おわりに

キミがキミだから「すごい」理由

ここまで読んでいただき、本当にありがとうございます。

いやぁ、本1冊読むのって、相当な労力がいりますからね。本編もさることながら、「おわりに」まで丁寧に読んでくれているキミには、心より感謝の念を送ります（「おわりに」から読んでる異端児はいないよね？）。

最後にもう少しだけ、お付き合いください。

僕はADHDであることを公表しているし、ADHDに関する漫画も投稿しています。読んだことがある人ならわかると思いますが、基本的に、僕の漫画はバカ丸出しです。日々の出来事を「ちくしょう!!」「ばばあ!!」「うおおおおお!!」みたいなテンションで綴っているため、頭空っぽで生きているように見えるらしく、

「ADHDでも、やしろみたいな生き方なら問題ないだろ」

「障害があっても全然苦労してなさそう」

「結局やしろはギフテッド。うまくいくADHDはみんなギフテッド」

みたいなことを言われます。ちなみに「ギフテッド」とは「神様からの贈り物」という意味で、知性や芸術に特別な才能を持つ人のことです。


これに関して一言。「やしろだから」すごいというのはまあ、うん、間違ってはいないんだが、語弊がある。

なぜなら、僕も最初からこうだったわけじゃなくて、**いろいろな試行錯誤の結果、今の生き方に辿《たど》り着いたから。**


僕は子どもの頃から協調性がなく、いつも奇行を繰り返しては、親や先生を困らせていました。学校に上がってもその傾向は収まらず、中学からは、結構ガッツリいじめられました。休み時間は寝たフリだし、ゴミ投げられるし、ヤンキーにカツアゲされるのなんか日常茶飯事です。

そのときにハマったのが、インターネットです。2ちゃんねる（現・5ちゃんねる）の住人になり、オフ会にも積極的に参加して、ほぼ不登校のような状態で毎日を過ごしました。ここでの出会いが、僕の価値観に大きな変化をもたらします。

参加者は全員が僕より年上。職業もさまざまで（おそらく大半がニート）、学校ではまず出会えないような人たちと話すことが、10代の僕にとってはかなり刺激的でした。

そして、**「学校って、めちゃくちゃ狭い世界なんだな」**と思えたのがでかかった。

学校では協調性が求められるけど、オフ会では、個性が強い人が面白がられます。突飛な発想力があったり、飛びぬけた知識を持っていたり。学校で浮いていた僕以上にクセのあるヤツが多かったので、逆に居心地がよかったんですよね。

そうして大人になった後、今度は会社という壁にぶち当たりました。

ミス、トラブル、遅刻の連発。自業自得とはいえ、「できない」認定されるのと、いろいろな人に迷惑をかけることが本当につらかった。

そんな気持ちとは裏腹に、体がどうしても言うことを聞かない。

どんなにがんばっても寝坊するし、ケアレスミスも直らない。

社会人という生き方になじむことができず、漫画を描き始めたのはこの頃です。S

NSの力も借りながら、読者が1桁台の頃からひたすらに描き続け、ようやく漫画を本業とするところまで到達し、現在に至ります。

何が言いたいかというと、僕もこう見えて、それなりにしんどい思いをしてきたということです。特にいじめは、ADHDの多くの人が通る道です。**子どもって異質な存在を嫌がるし、そもそも教育現場が「協調性」の一点張り**なので、ADHDがいじめのターゲットになりやすいのは事実だと思います。

さらに大人になっても、たび重なる失敗経験で、自己否定に陥りやすい。大体何かしらのトラウマを引きずっていて、いつも何かに引け目を感じていたり、「**自分のせいだ**」**とすぐ自らを責めたりして、自分に自信を持てなくなってしまう。**

僕の周りのADHDでもそういう人はいるし、同じ道を通ってきた分、気持ちは痛いほどわかるつもりです。

でも、これだけは決して忘れないでください。

自分の誰よりも強い味方は、自分です。

つらいことがあっても、世の中と折り合いがつかなくてしんどいときも、最後に信じられるのは親でも友人でもなく、自分自身です。

だから、「しかたない」「自分はダメだから」と諦めずに、歩みを止めないでほしい。「やしろだから」「ギフテッドだから」という開き直りの思考から、一刻も早く抜け出してほしい。

人と違うから、ADHDだからと、卑屈になる必要は全然ありません。

少し広い視野で世の中を見渡せば、キミならではの個性を必要としている場所が、絶対に、絶対にある。

キミがキミだから「すごい」理由が、必ず見つかります。

そして最後に、この本はたくさんの人の力でできあがりました。

僕だけだったら完成まで多分、10年ぐらいかかっていたと思います。

同じADHDとしてお互い失敗とフォローを繰り返しながらも尽力してくれた編集者でありポーカー友達のさとちゃん、僕のアホな話と原稿をとんでもなく読みやすい文章にしてくれた天才なおさん、敏腕プロデューサーとして共に会社をやっている福原さん、僕が漫画の納品を無限に忘れていても許してくれている心が無限に広いゆうきゆう先生（マジですんません）、時々YouTubeで僕の名前を出してくれる実は中学時代に2ちゃんねるのオフ会で一度会っているひろゆきさん、僕のような手のかかる子どもと向き合い、ここまで育ててくれたお母さん。全員に感謝を。

そして、この本を読んでくれているキミ。

社会から疎外されても、親や友人から見放されても、自分だけは自分を見捨てないでほしいと思っています。

僕も同じ気持ちで、いろいろな人に迷惑をかけながらも、めちゃくちゃに炎上して叩かれながらも、「オレってすごい」メンタルで何とか生き延びています。

「一緒に、才能を２００％活かそう」

やしろあずき

２０２５年３月

やしろあずき
ADHD診断済みのWEB漫画家。自身の日常を漫画にしたブログ「やしろあずきの日常」は毎日更新中で、Kindleでも配信中。また、誕生日をきっかけに自宅に大量の三角コーンが届くようになったことから、「三角コーンの人」としても知られている。クリエイターが安心して仕事できる環境をつくりたいという思いから、2025年に株式会社サンカクケイを設立。主な著書は『人生から「逃げる」コマンドを封印している人へ』（ダイヤモンド社）。
X：@yashi09

すごいADHD《エーディーエイチディー》特性《とくせい》の使《つか》い方《かた》
人生《じんせい》が本当《ほんとう》にラクになるコツ

2025年3月26日　初版発行

著者／やしろあずき

発行者／山下直久

発行／株式会社KADOKAWA
〒102-8177　東京都千代田区富士見2-13-3
電話　0570-002-301（ナビダイヤル）

印刷所／TOPPANクロレ株式会社

製本所／TOPPANクロレ株式会社

本書の無断複製（コピー、スキャン、デジタル化等）並びに
無断複製物の譲渡及び配信は、著作権法上での例外を除き禁じられています。
また、本書を代行業者などの第三者に依頼して複製する行為は、
たとえ個人や家庭内での利用であっても一切認められておりません。

●お問い合わせ
https://www.kadokawa.co.jp/（「お問い合わせ」へお進みください）
※内容によっては、お答えできない場合があります。
※サポートは日本国内のみとさせていただきます。
※Japanese text only

定価はカバーに表示してあります。

©Azuki Yashiro 2025　Printed in Japan
ISBN 978-4-04-607266-5　C0095